LE

Chansonnier

UNIVERSEL.

ANACRÉON.

LE
CHANSONNIER

UNIVERSEL.

CHANSONS BACHIQUES.

TOME PREMIER.

A PARIS,

Chez DELARUE, Libraire quai des
Augustins, n.° 15.

LE
Chansonnier
UNIVERSEL.

L'UNION DE BACCHUS

ET DE L'AMOUR.

Air de la ronde d'Henri IV.

O ma maîtresse, ô ma bouteille !
Rions de ce grossier buveur,
Qui chantant le jus de la treille,
Insulte aux doux élans du cœur.
Plaignons l'amant peu sage,
Qui laisse le vin sans retour.
Formons ensemble un trio sans partage,
Unissons Bacchus et l'Amour.

Dans nos sens, quand l'amour circule,
D'un peu d'ivresse est-on fâché ?

Le vin écarte le scrupule,
Qui tient un doux aveu caché.
A leur double puissance,
La beauté le cède en un jour :
Pour enhardir la timide innocence,
Unissons Bacchus à l'Amour.

Oui, sans l'Amour, Bacchus est fade,
Et sans Bacchus, l'Amour est froid ;
Hébé me verse encore rasade ;
C'est pour elle que je la bois.
    Je sens que de ma belle,
Le champagne est un vif atour.
Je ne chéris mon verre qu'auprès d'elle.
Unissons Bacchus à l'Amour.

Tous deux ont choisi la fougère,
Pour nous combler de leurs bienfaits.
A l'ombre du myrthe et du lierre,
Buvons à nos tendres souhaits.
    Sur des lèvres mi-closes,
J'aime à faire aux Dieux ma cour,
Couronnons-nous de pampres et de roses,
    Unissons Bacchus à l'Amour.

Passons de l'une à l'autre ivresse :
Heureux par le cœur et les sens :
Que leur double feu m'intéresse !

Cythère et Naxe ont mon encens.
Les vignes, les bocages,
Doivent nous charmer tour-à-tour.
Amans buvons : dans nos heureux ménages
Unissons Bacchus à l'Amour.

L'ÉLOGE DE BACCHUS.

Air : Avec ma Marmotte.

Versons, versons à grands flots,
Le doux jus de la treille ;
On ne trouve les bons mots
Qu'au fond de la bouteille ;
Dans tout festin,
C'est le bon vin,
Chers amis qui fait dire,
Le petit mot pour rire.

Bacchus, il n'est sous ta loi
Préjugé qu'on ne brave,
Sous ton empire on est roi ;
Tout autre rend esclave :
Quand ta liqueur
Charme le cœur,

Le plus discret fait dire ,
Le petit mot pour rire.

L'Agnès , avant le repas ,
Pour un rien s'effarouche ;
Timide , elle n'ose pas
A peine ouvrir la bouche.
    Qu'un peu de vin
      La mette en train ;
Elle entend et fait dire ,
Le petit mot pour rire.

Je renonce de bon cœur ,
Fortune , à tes largesses ;
Tu détruis la bonne humeur
En donnant tes richesses.
    Pour être heureux ,
      Moi je ne veux ,
Que le pouvoir de dire
Le petit mot pour rire.

Est-ce au faîte des grandeurs ,
Qu'on trouve l'allégresse ?
Les dignités , les honneurs
Enfantent la tristesse ;
    Le rang , le bien ,
      Ne me sont rien ,

S'ils m'empêchent de dire
Le petit mot pour rire.

La gaieté que nos áyeux
Faisaient briller à table,
Aux biens les plus précieux,
Me semble préférable.
   Comme ils chantaient,
   Comme ils buvaient,
Comme ils aimaient à dire,
Le petit mot pour rire !

Chez nous tu vins tout changer,
Funeste Anglomanie,
L'enjouement est étranger,
Dans ma triste patrie.
   Partout l'ennui
   Règne aujourd'hui,
Et l'on n'ose plus dire
Le petit mot pour rire,

Notre hôte peu curieux
De se mettre à la mode,
S'en tient et fait beaucoup mieux,
A l'ancienne méthode.
   Tout son plaisir
   Est qu'à loisir,

Chez lui l'on puisse dire,
Le petit mot pour rire.

Ce couplet peut s'ajouter à la fête des Rois.

Pour toi qu'un destin heureux,
A fait Roi de la fête,
De tous les cœurs, si tu veux
T'assurer la conquête,
A tes sujets,
Toujours permets,
En bon Prince de dire,
Le petit mot pour rire.

BOUQUET BACHIQUE

POUR LE JOUR DE LA SAINT-LOUIS.

Air: Tire, lire, tin, tin.

Viens, Bacchus, c'est toi que j'implore,
Viens présider à ma chanson,
Pour célébrer ton nourrisson,
Ma voix deviendra plus sonore,
En l'accompagnant du tocsin
Du Dieu du vin, tire, lire, tin, tin.

Dans ce jour fait pour l'allégresse,
Chantons le meilleur des Louis ;
S'il n'en a pas les fleurs de lys,
Ses façons en ont la noblesse.
Il aime à sonner le tocsin
Du Dieu du vin , tire, lire, tin , tin.

N'admettant ici pour systême ,
Que les ris , les jeux, la gaîté ;
Présentons à sa majesté
Les attributs du diadême,
En faisant sonner le tocsin
Du Dieu du vin , tire, lire, tin , tin.

Le pampre sera sa couronne .
Son sceptre un rouleau de bouchons ,
Sa garde , de vermeils flacons ,
Un tonneau servira de trône ,
Son canon sera le tocsin
Du Dieu du vin, tire, lire , tin, tin.

Vous qui de sa face bachique ,
Admirez le brillant pourpris ;
Voulez-vous que ce coloris
Chasse votre air mélancolique ?
Buvez, et sonnez le tocsin ,
Du Dieu du vin , tire, lire , tin , tin.

Pour oublier mon infidèle ,
Son œil fripon et ses appas ;
Je n'invoque point le trépas ,
Ni le secours d'une autre belle ,
Je bois et sonne le tocsin
Du Dieu du vin , tire, lire , tin , tin.

COUPLETS BACHIQUES.

Air : Un Chanoine de l'Auxerrois.

On dit que le grave Apollon ,   (*bis.*)
Pour inspirer un nourrisson ,   (*bis.*)
Se fait tirer l'oreille ;
Mais quand je prends le verre en main ,
Je le vois accourir soudain ,
Auprès de ma bouteille :
S'abreuver de ce jus charmant ,
Monter au Parnasse en chantant ,
Et bon , bon , bon que le vin est bon ,
A ma soif j'en veux boire.

C'était en ces momens heureux ,   (*bis.*)
Qu'Anacréon , père des jeux ,   (*bis.*)
Lui dérobait sa lyre ;
Et laissant ronfler Apollon ,

Tandis que le double vallon,
Plein d'un tendre délire,
Prônait la gloire de Phœbus,
Il chantait au nom de Bacchus,
Et bon , bon , bon , etc.

Quand Dieu fit périr l'Univers ,   (*bis.*)
L'eau se précipita des airs :   (*bis.*)
Les vagues écumantes ,
Noyèrent l'homme dans leur sein.
Ah ! s'il eut nagé dans le vin,
Ses lèvres expirantes ,
Auraient formé ces nobles accens ,
Mourons , mais mourons en chantant ,
Et bon , bon , bon , etc.

Patriarches d'avant Noé ,   (*bis.*)
Vous avez trop tôt habité   (*bis.*)
Une terre ignorante ;
Si vous eussiez plutôt connu ,
Ce joli petit bois tortu ,
Dont le suc nous enchante.
Vous eussiez dans un doux transport,
Dit en bénissant votre sort ,
Et bon , bon , bon , etc.

Vin charmant, quels sont tes attraits? (*b.*)
Le monde est plein de tes bienfaits; (*b.*)

Tu bannis ses allarmes,
De la couronne de nos rois,
Lorsque tu soulèves le poids ;
Elle en a plus de charmes.
David en sçut la vérité,
C'est pour cela qu'il a chanté,
Et bon, bon, bon, etc.

COUPLETS BACHIQUES.

Air : Un chanoine de l'Auxerrois.

Vous aviez donc bu du léthé
Le jour que vous avez vanté
De Bacchus l'ennemie ;
Mais sur l'eau vos jolis couplets,
Quand on les trouve aussi bien faits,
Croyez qu'on s'en défie ;
Que peu fidèle à votre plan,
Vous les avez faits en chantant :
Eh bon bon bon que le vin est bon,
A ma soif j'en veux boire.

Pour réparer les maux divers,
Que le déluge à l'univers
Fit en noyant le monde,

Le bon patriarche Noé,
Voulut que sa postérité
    Ne craignit rien de l'onde,
De la vigne il lui fit présent,
Et sortit de l'arche en chantant :
Eh ! bon bon bon, etc.

S'il a , dans un accès d'humeur,
Au diable envoyé de bon cœur
    Un fils trop téméraire;
En se moquant du vin nouveau ,
Cham , qui ne buvait que de l'eau ,
    Avait aigri son père.
Sem et Japhet, lui plaisaient plus ,
Ils chantaient comme des perdus :
Eh ! bon bon bon , etc.

Croyez-vous que ce soit à l'eau
De l'hyppocrène que Boileau
    Doive sa poésie ?
Bacchus autrement l'inspirait ,
C'est le verre en main qu'il trouvait
    Ces grands traits de génie;
A Baville l'eût-on goûté,
Si mieux qu'un autre il n'eût chanté :
Eh ! bon bon bon, etc.

Laissant là leurs funestes eaux ,
Si nos hippocrates nouveaux

Envoyaient leurs malades,
Tous les ans, pendant quelque mois,
Du meilleur des vins Champenois,
　Boire pleines rasades,
Pleins de santé, de vin, d'amour,
Ils chanteraient à leur retour,
Eh ! bon bon bon, etc.

A vous je puis m'en rapporter,
Car j'ai plaisir à consulter
　Quelqu'un d'un goût solide,
Julie était-elle l'objet,
Que dans son exil regrettait,
　Le malheureux Ovide ?
Ne regrettait-il pas plutôt
La ville où l'on chantait tout haut,
Eh ! bon bon bon, etc.

Les vins du côteau Bourguignon,
Perdront leur antique renom,
　Avant que la folie
Tire de mon frêle cerveau
Le plus petit couplet sur l'eau,
　Telle est ma fantaisie ;
Son existence est mon tourment,
Je ne veux mourir qu'en chantant :
Eh ! bon bon bon, etc.

LE BON CONSEIL,

COUPLETS BACHIQUES.

Air : La bonne aventure , ô gué , etc.

Bacchus est ma Déité ;
Que chacun la prenne.
On court après la gaieté,
Je lui dois la mienne,
Bacchus sait nous rajeunir,
Moquons-nous de l'avenir ;
Versez-nous à boire, ô gué ,
Versez-nous à boire.

On dit qu'il faut traverser
Un jour l'onde noire.
Pourquoi s'en embarrasser ?
Il faut rire et boire.
Nargue du fatal instant ;
Qu'on embrasse en attendant ,
Chacun sa voisine, ô gué ,
Chacun sa voisine.

Amis , laissons-la venir ,
La Parque sévère ;

A cent ans, je veux tenir,
Sans trembler mon verre.
La vieille dira : Jarni !
Il ne fait pas bon ici,
Il a la main sûre, ô gué,
Il a la main sûre.

RONDE BACHIQUE.

Air : Contredanse de l'Amoureux de 15 ans.

Fêtons Bacchus, Amour
Nuit et jour,
Tout devient ennuyeux
Sans ces Dieux.
Aimons objet charmant
Chaudement,
De Beaune ou de Mâcon
Quand je bois plein flacon,
Je dis : bon !
Une pinte de vin,
Rend un homme divin.
Fêtons, etc.

Fuyez, tristes Rêveurs;
Aquatiques Buveurs,

Froids Censeurs.
Nous voulons être fous :
Sages, retirez-vous.
Fêtons, etc.

Qu'est-ce que la Raison ?
Pâture d'un Oison,
Vrai poison.
Ne nous laissons saisir.
Qu'aux attraits du plaisir.
Fétons, etc.

TRIOLET.

Air : Le premier jour du mois de Mai.

Près d'une tonne de bon vin,
Je nargue la mélancolie :
Jamais n'habite le chagrin,
Près d'une tonne de bon vin.
Dame tristesse fuit soudain,
A la seule odeur de la lie.
Près d'une tonne de bon vin,
Jé nargue la mélancolie.

PLAN DE CONDUITE

D'UN IVROGNE.

Air : Vous chantez, lorsque tout, etc.

Que le succès de cette guerre,
Chers amis, soit bon ou mauvais,
Pourvu qu'on me laisse mon verre,
Rien ne me troublera jamais.
C'est au Roi, s'il est nécessaire,
De veiller à ma sûreté :
Pour moi, tout ce que je puis faire,
C'est de trinquer à sa santé.

Si par un coup de la fortune,
Les ennemis victorieux,
Quittent l'empire de Neptune,
Et viennent camper en ces lieux ;
Moi, sans vouloir paraître brave,
Jusqu'à mépriser le tombeau,
Je descendrai vite en ma cave,
Pour me cacher dans un tonneau.

Mais, si, voulant faire ripaille,
Quelque grigou de Fantassin,

Veut mettre en perce la futaille,
Dans l'espoir d'en tirer du vin,
Alors, sans découvrir ma trogne,
Je lui dirai par le bondon :
Camarade, épargne un ivrogne :
Partage plutôt son flacon.

Au lieu de faire des bravades,
S'il veut goûter de ma liqueur,
Bientôt à force de rasades,
Je désarmerai mon vainqueur :
Mais si l'ingrat, voulant tout boire,
Me traite en ennemi vaincu,
Amis, j'aurai du moins la gloire
De mourir comme j'ai vécu.

RONDE BACHIQUE.

Air : Rantamplan tirelire.

Non, Bacchus, rien n'est si doux,
En plein, plan, rantamplan tirelire
Non, Bacchus, rien n'est si doux
Que ton charmant délire

CHORUS.

Que ton charmant délire,
Rantamplan tirelire !

Bannissons les soins jaloux,
En plein, plan, etc.
Bannissons les soins jaloux,
D'un Amant qui soupire.
                    CHORUS.
D'un amant qui soupire,
Rantamplan tirelire !

Qu'il s'en aille à deux genoux,
En plein, plan, etc.
Qu'il s'en aille à deux genoux,
Gémir de son martire.
                    CHORUS.
Gémir de son martire
Rantamplan tirelire !

Nous buvons comme des trous,
En plein, plan, etc.
Nous, buvons comme des trous,
Et ne songeons qu'à rire.
                    CHORUS.
Et ne songeons qu'à rire,
Rantamplan tirelire !

Que ces Philosophes foux,
En plein, plan, etc.
Que ces Philosophes foux,
Chez nous viennent s'instruire.

CHORUS.

Chez nous viennent s'instruire,
Rantamplan tirelire !

Ils apprendront, ces hiboux,
En plein plan , etc.
Ils apprendront, ces hiboux,
Avec nous à redire ,

CHORUS.

Avec nous à redire ,
Rantamplan tirelire !

Non , Bacchus , rien n'est si doux,
En plein , plan , etc.
Non, Bacchus , rien n'est si doux,
Que ton charmant délire !

COUPLETS BACHIQUES.

Air : Aussitôt que la lumière.

Avec toi, mon cher Grégoire,
Je veux vider vingt flacons,
Et rappeler la mémoire,
De nos défunts biberons.
Fi, de la froide sagesse,
De la rigide vertu,

Vive la joyeuse ivresse ,
Je suis tout quand j'ai bien bu.

Qu'un moraliste en soutanne
Défende le cabaret ;
Que dans son zèle il nous damne ,
Rions d'un pareil arrêt.
Depuis qu'on cesse de boire ,
Le monde en est-il meilleur ?
Ma foi si j'en crois l'histoire ,
C'est l'époque du malheur.

Du temps qu'on était ivrogne ,
La franchise , la gaieté ,
Brillaient sur la rouge trogne
D'un buveur de qualité.
D'autres mœurs , d'autres usages ,
Aujourd'hui l'on ne boit plus ·
Et croyant être plus sages ,
Nous avons moins de vertus.

Ainsi , mon cher camarade ,
Ne crains plus cette liqueur. ,
Mets , rasade , sur rasade ,
C'est , crois-moi , le vrai bonheur.
Allons , relevons la gloire :
Des buveurs nos bons aïeux ;
Et , prouvons qu'en l'art de boire ,
Leurs neveux sont dignes d'eux.

CHACUN A SON GOUT.

Air : Du vaudeville de Figaro.

A la main une bouteille,
Et le plaisir dans les yeux :
C'est à toi, Dieu de la treille,
Que j'offre aujourd'hui mes vœux.
Puisse jusqu'à ton oreille,
Parvenir ce doux refrain,
Vive Bacchus et le vin !

On dit qu'il est agréable,
Je veux croire qu'il est doux
D'aimer une femme aimable,
De languir à ses genoux....
Mais je n'aime que la table,
Et ne vois rien au-dessus
Du bon vin et de Bacchus.

Le vin conserve la vie,
C'est l'eau qui donne la mort,
Oui, de l'eau je me méfie ;
Enfin, je hais l'eau si fort,
Que lorsqu'on me barbifie,

Au lieu d'eau dans mon bassin ,
Je veux qu'on mette du vin.

Une cadence légère
Jamais ne me ravira ;
Rien pour moi n'est somnifère ,
Comme un superbe opéra.
Aux plus beaux chants je préfère
Le glou glou d'un entonnoir ,
Ou les efforts d'un pressoir.

Je n'empêche pas qu'on sente
Avec délice des fleurs ;
D'une cuve qui fermente ,
Moi , j'aime mieux les vapeurs …
Une chose encor me tente ,
C'est de mourir dans un bain ;
Mais je veux qu'il soit de vin.

LA PHILOSOPHIE BACHIQUE.

Air : Si le Roi m'avait donné.

Bacchus , amis , vient d'ouvrir
Une belle école ,
Pour enseigner à loisir

L'art de la parole ;
De ce Dieu si consolant,
Venez apprendre en riant,
La philosophie, ô gué !
La philosophie.

Pour ne point nous ennuyer,
Chacun sous la treille,
Au lieu d'un triste cahier,
Tiendra sa bouteille ;
Avec de tels argumens,
Nous saurons en peu de temps,
La philosophie, ô gué !
La philosophie.

Aristote en son jargon,
Souvent déraisonne,
S'il confiait sa raison
Au Dieu de la Tonne,
Son langage séducteur,
Ferait germer dans le cœur,
La philosophie, ô gué !
La philosophie.

De Descartes nous rions,
Et de son systême ;
Ma foi ! dans ses tourbillons,
Chacun de nous l'aime,

Je crois quand il les a vus,
Qu'il faisait avec Bacchus,
Sa philosophie, ô gué !
    Sa philosophie.

Mallebranche s'est trompé
    Dans son gros volume :
Trouve-t-on la vérité
    Au bout de sa plume ?
Dans le vin va la chercher,
C'est là qu'aime à se cacher,
Ma philosophie, ô gué !
    Ma philosophie.

Avec ses sensations,
    Condillac m'amuse,
Jamais en réflexions
    Son esprit ne s'use ;
Son livre parait divin,
Je goûte en buvant mon vin,
Sa philosophie, ô gué !
    Sa philosophie.

Il plait par son air vermeil,
    Notre vénérable,
Et s'il n'a pas son pareil
    Autour de la table,
C'est qu'avec Bacchus toujours,

Il aime à faire son cours,
De philosophie, ô gué !
De philosophie.

Aimable fils de Bacchus,
  Fondateur sublime,
Ta morale et tes vertus
  Méritent l'estime,
Tu charmes par ta douceur,
Tu seras mon professeur
De philosophie, ô gué !
De philosophie.

MON AVIS.

Air : Buvons à tirelarigo.

Chantons, aimons, enivrons-nous
  Du doux jus de la treille.
Fortune, je brave tes coups
  Auprès d'une bouteille.
    Célébrons Bacchus,
    Célébrons Vénus,
Par nos chants d'allégresse,
    Et répétons tous :

Nargue des jaloux,
Et vive la tendresse !

Amis, quelle félicité,
  Dans cette douce orgie !...
J'y vois avec la volupté
  Badiner la folie....
    Célébrons Bacchus,
    Célébrons Vénus;
  Nous sommes à Cythère,
    Et laissons les Dieux,
  Régner dans leurs cieux;
  L'Amour est sur la terre.

Que chacun boive sans façon
  A la beauté qu'il aime;
Mais n'allons pas à l'unisson,
  Boire tous à la même.
    Célébrons Bacchus,
    Célébrons Vénus,
  Nous sommes à Cythère;
    Et laissons les Dieux
    Régner dans leurs cieux;
  L'Amour est sur la terre.

Amis, que chacun fasse un choix,
  Mais que l'amour le guide;

Si l'œil balance quelquefois,
C'est le cœur qui décide.
Qu'ici le plaisir
Succède au désir :
C'est l'usage à Cythére ;
Et bientôt les Dieux,
Envieront, des Cieux,
Le bonheur de la terre.

BACCHUS ET L'AMOUR.

Air : Chantez, dansez, amusez-vous.

Du Dieu d'Amour et de Bacchus,
Tour-à-tour chantons les louanges,
Parons des roses de Vénus
La coupe du Dieu des vendanges,
Qu'est-ce qu'Amour sans ce doux jus ?
Sans l'Amour, qu'est-ce que Bacchus ?

Pour qui boit et n'aima jamais,
Ce Dieu charmant n'est plus le même ;
Mais il reprend tous ses attraits,
Pour qui boit à l'objet qu'il aime.

Qu'est-ce qu'Amour, etc.

Le Dieu d'Amour n'a plus de feux,
Si le Dieu du vin ne l'éveille,
De tout temps le myrthe amoureux
Fleurit à l'ombre de la treille :
    Qu'est-ce qu'Amour, etc.

Jeunes beautés, laissez toujours
Bacchus se jouer sur vos traces,
Ce Dieu ranime les amours,
Ce Dieu sait embellir les grâces.
    Qu'est-ce qu'Amour, etc.

Fêtez Bacchus, amans heureux,
Il doublera votre existence ;
Amans trahis, buvez comme eux,
Il charmera votre constance :
Qu'est-ce qu'Amour sans ce doux jus ?
Sans l'Amour qu'est-ce que Bacchus ?

CHANSON A BOIRE.

Air du Confiteor.

Pour détruire le genre humain,
Les dieux ont inondé la terre.
C'est un témoignage certain
Que l'eau fait pis que le tonnerre.
Amis, ne buvons jamais d'eau ;
Des dieux c'est le plus grand fléau.

Phaéton, ce jeune éventé,
Qui voulut éclairer le monde,
Par la foudre précipité,
Du Pô s'en alla boire l'onde.
Amis, etc.

Le modèle fameux des sots,
Le fat et l'orgueilleux Narcisse,
Un jour se mirant dans les flots,
Y trouva son juste supplice.
Amis, etc.

Icare, voulant jusqu'aux cieux
Elever son vol téméraire,

De son projet audacieux
Dans l'onde reçut le salaire.
Amis, etc.

Ce peuple où Latone, en danger,
Souffrit un si cruel outrage,
En grenouilles s'est vu changer :
L'onde fut son triste breuvage.
Amis, etc.

Aux enfers un cruel destin
Fait soupirer les Danaïdes ;
Elles versent de l'eau sans fin
Pour expier leurs parricides.
Amis, etc.

Que les mortels étaient heureux
Dans l'âge où régnait l'innocence !
Il ne manquait rien à leurs vœux ;
Le vin coulait en abondance.
Buvons de ce jus précieux ;
C'est le plus beau présent des cieux.

Pour prix de sa rare vertu,
Noé, ce fameux patriarche,
Reçut du ciel le bois tortu
Sitôt qu'il fut sorti de l'arche.
Buvons, etc.

COUPLETS BACHIQUES

D'UN JOUR A PARIS.

Ne soyons point ambitieux,
Restons toujours tels que nous sommes ;
La gloire est faite pour les Dieux,
Les plaisirs sont faits pour les hommes.
Amis, peut-on passer un jour
Sans boire et sans faire l'amour ?   *bis.*

Chers amis, buvons à longs traits,
Enivrons nos corps et nos ames,
Afin d'oublier nos procès
Et les méchans tours de nos femmes.
Amis, peut-on passer un jour, etc.

Un bon convive, un franc buveur,
Aima toujours femme jolie.
Ainsi répétons tous en chœur :
Le doux refrain de la folie :
Amis, peut-on passer un jour, etc.

CHANSON BACHIQUE.

Air du Confiteor.

Le vieux Silène à ses amis,
Entre la poire et le fromage,
Un jour montra ses cheveux gris,
Et leur adressa ce langage :
De vieux amis et du vin vieux
Sont les plus doux présens des cieux.

Malgré les maux et les tourmens
Que dans la vieillesse on éprouve,
Elle a de certains agrémens ;
Et voici comme je le prouve :
    De vieux amis, etc.

Mon printemps est bien loin de moi,
Et déjà mon été s'envole :
En faut-il pleurer ? Non, ma foi.
Par ce refrein je me console :
    De vieux amis, etc.

Contre le temps, prompt à passer,
C'est mal à propos que l'on boude ;

Quand la tête vient à baisser ,
Pour boire on hausse mieux le coude.
De vieux amis, etc.

Mes chers enfans , jusqu'au moment
Où nos yeux ne verront plus goutte ,
Verre en main voyons-nous souvent ,
Et buvant la petite goutte.

De vieux amis, etc.

Que des Dieux l'auguste pouvoir ;
Jusqu'à la fin de ma carrière ,
Me conserve un œil pour vous voir ,
Une main pour porter mon verre ,

De vieux amis , etc.

Silène se tut à ces mots ,
Et ses yeux pleuraient de tendresse.
Tout ce qu'il dit est à propos ,
Et j'y trouve de la sagesse :

De vieux amis, etc.

Dans ce beau séjour , dieu merci ,
Nous avons ce double avantage ;
Puissions-nous , ce siècle fini ,
Répéter le même langage :

De vieux amis, etc.

RONDE A BOIRE.

Air : Chantons le mai.

Plantons le mai (*de M. Laujon*).

Chantons le vin,
Fêtons le vin,
Le vin, le vin,
Le vin seul est divin.

Amis, c'est lui qui nous rassemble,
Chantons donc et buvons ensemble.
Le vin, le vin,
Qu'on ne boit pas en vain,
Le vin, le vin,
Qui nous met tous en train.

Chantons le vin, etc.

Qui sait rafraîchir la jeunesse ?
Qui sait réchauffer la vieillesse ?
Le vin, le vin,
Qu'on ne boit pas en vain,
Le vin, le vin,
Qui nous met tous en train.

Chantons le vin, etc.

Aux lieux où règne l'étiquette ,
Qui fait préférer la guinguette ?
Le vin , le vin ,
Qu'on ne boit pas en vain ,
Le vin , le vin ,
Qui nous met tous en train.

Chantons le vin , etc.

Qui donne la force aux vieux drilles ,
Les faiblesses aux jeunes filles ?
Le vin , le vin ,
Qu'on ne boit pas en vain ,
Le vin , le vin ,
Qui nous met tous en train.

Chantons le vin , etc.

Qui rend les débiteurs ingambes ?
Aux huissiers , qui casse les jambes ?
Le vin , le vin ,
Qu'on ne boit pas en vain ,
Le vin , le vin ,
Qui nous met tous en train.

Chantons le vin , etc.

Qui nous rappelle nos grisettes ?
Qui nous fait oublier nos dettes ?
Le vin , le vin ,

Qu'on ne boit pas en vain ,
Le vin , le vin ,
Qui nous met tous en train.

Chantons le vin , etc.

Du bonheur qui double les charmes ?
Du malheur qui sèche les larmes ?
Le vin , le vin ,
Qu'on ne boit pas en vain ,
Le vin , le vin ,
Qui nous met tous en train.

Chantons le vin , etc.

Qui nous fait supporter la table
D'un gros milord insupportable ?
Le vin , le vin ,
Qu'on ne boit pas en vain ,
Le vin , le vin ,
Qui nous met tous en train ;

Chantons le vin , etc.

Au printems , aux fleurs qu'il nous donne ?
Qui nous fait préférer l'automne ?
Le vin , le vin ,
Qu'on ne boit pas en vain ,
Le vin , le vin ,

Qui nous met tous en train.
Chantons le vin ; etc.

Enfin , à chaque table ronde ,
Qui fera circuler ma ronde ?
Le vin , le vin ,
Qu'on ne boit pas en vain,
Le vin , le vin ,
Qui nous met tous en train.
Chantons le vin , etc.

LE PAN PAN BACHIQUE.

Air connu.

Lorsque le Champagne
Fait en s'échappant
Pan pan ,
Ce doux bruit me gagne
L'âme et le tympan.

Le Mâcon m'invite ,
Le Beaune m'agite,
Le Bordeaux m'excite,
Le Pomard me séduit,

J'aime le Tonnerre ,
J'aime le Madère ;
Mais par caractère,
Moi qui suis pour le bruit ,...

Lorsque le Champagne , etc.

Quand , aidé du pouçe ,
Le liège que pousse
L'écumante mousse
Saute et chasse l'ennui,
Vite je présente
Ma coupe brûlante ,
Et gaîment je chante
En sautant avec lui :

Lorsque le Champagne , etc.

Qu'Horace en goguette ,
Courant la guinguette ,
Verse à sa grisette
Le Falerne si doux ,
S'il eût , le cher homme ,
Connu Paris comme
Il connnaissait Rome ,
Il eût dit avec nous :

Lorsque le Champagne , etc.

Panard , notre maître ,

Dut au doux bien être
Que ce jus fait naître
Le sel de ses bons mots ;
Et l'auteur unique
Du *Roman comique*
Dut à ce topique
L'oubli de tous ses maux.

Lorsque le Champagne, etc.

Maîtresse jolie
Perd de sa folie,
Se fane et s'oublie,
Victime des hivers ;
Mais ma Champenoise,
Grise comme ardoise,
En est plus grivoise
Et me dicte ces vers :

Lorsque le Champagne, etc.

De ce véhicule
Où roule et circule
Maint et maint globule,
Si le feu me séduit,
C'est que de ma tête,
Qu'aucun frein n'arrête,
L'image parfaite
Toujours s'y reproduit.

Lorsque le Champagne, etc.

Quand de la folie
La vive saillie
S'arrête affaiblie
Vers la fin du banquet ,
Qui vient du délire
Remonter la lyre ?
Du jus qui m'inspire
C'est le divin bouquet ,

Lorsque le Champagne , etc.

Pour calmer la peine ,
Adoucir la gêne ,
Éteindre la haine
Et dissiper l'effroi ,
Que faut-il donc faire ?
Sabler à plein verre
Ce vin tutélaire ,
Et chanter avec moi :

Lorsque le Champagne
Fait en s'échappant
Pan pan ,
Ce doux bruit me gagne
L'âme et le tympan.

CHANSON BACHIQUE.

Air connu.

Bon vin, braves gens et gaîté,
A table, voilà ma devise ;
Qu'on puisse boire en liberté,
Et converser avec franchise :
Versez donc, mes amis, versez,
Je n'en puis jamais boire assez.

Je veux qu'au gré de mes désirs
On chasse la mélancolie ;
Bacchus partage ses plaisirs
Entre l'Amour et la Folie.

Versez, etc.

Quand on chôme le dieu Bacchus,
L'amour est toujours de la fête :
On perd son cœur avec Vénus,
Quand avec lui l'on perd la tête.

Versez, etc.

De rimer ne nous piquons pas,

Quand nous nous trouvons sous la treille.
On est trop sujet aux faux pas,
Quand on a vidé sa bouteille.

Versez, etc.

Souvent un raccommodement
D'une rasade fut l'affaire;
Et toute rancune en buvant,
Reste bientôt au fond du verre.

Versez, etc.

Le vin est toujours de saison,
On se plaît dans sa douce ivresse,
Tout ce qu'il ôte à la raison,
Tourne au profit de la tendresse.

Versez, etc.

Au banquet de la liberté,
Également il se partage,
Et réduit à l'égalité
Le plus fou, comme le plus sage.

Versez etc.

De Bacchus je fais un héros,
Je trouve sa liqueur civique;
En découvrant plus d'un complot,
Il a sauvé la république.

Versez, etc.

A MA BOUTEILLE.

CHANSON BACHIQUE.

Air : O ma tendre musette.

O ma chére bouteille !
Bouteille, mes amours !
Toi qui fais, sous la treille,
Le bonheur de mes jours !
De te quitter, Grégoire,
N'aurait-il pas grand tort ?
Hélas ! vivre sans boire,
C'est être déjà mort !

O ma chère bouteille ?
Le docteur Sangrado
Bien en vain me conseille
De me remettre à l'eau.
Ce docteur a beau dire
Que le vin me nuira ;
Son discours me fait rire :
Arrive qui pourra !

O ma chère bouteille !

Tu chasses mes soucis ;
Ta présence réveille
Mes esprits engourdis.
Tu portes dans mon ame
Une nouvelle ardeur ;
Et je sens que ta flamme
Passe jusqu'à mon cœur.

CHANSON.

Air : Maître d'un joli jardinet.

Vive la liqueur du tonneau ,
Nargue de l'eau
D'Hypocrène.
Au diable soit maître Apollon
Son vallon
Et sa fontaine.
Ivre de ce divin
Vin ,
L'heureux délire !
Qu'on forme de touchans
Chants
Quand il inspire !

LE CARILLON BACHIQUE.

Air : Et zig et zig, et zig et zig et zog, et fric,
et fric et froc.

*(Tous les convives doivent-tringuer en
mesure à chaque refrain.)*

Et tic, et tic et tic, et toc, et tic, et tic,
et toc ,
De ce bachique tintin,
Vive le son argentin !   } bis

De la harpe enchanteresse ,
Du clavier qu'une main presse ,
Le charme entraîne et séduit ;
Mais , chers convives , je nie
Qu'il existe une harmonie
Plus touchante que ce bruit :
Et tic , et tic et tic , etc.

Le premier buveur d'eau claire
Qui tira des sons d'un verre ,
Contre Bacchus forniqua ;
Et pour moi , qui ne m'éveille
Qu'aux glouglous de la bouteille ,
Voici mon harmonica :
Et tic, et tic et tic , etc.

C'est à tort que de sa lyre
Orphée exerça l'empire
Pour séduire Lucifer....
Ce seul bruit, rempli de charmes,
Eût attendri jusqu'aux larmes
Tous les diables de l'enfer
Et tic, et tic et tic, etc.

D'une syrène à la mode
Qu'on admire la méthode,
L'art et le goût infinis ...
De deux verres en cadence
L'admirable discordance
Vaut trente Catalanis.
Et tic, et tic et tic, etc.

Du Très-Haut les saints ministres
Avec leurs cloches sinistres
Effarouchent les mortels ;
Mais si l'heure des prières
S'annonçait au bruit des verres,
Quelle affluence aux autels !
Et tic, et tic et tic, etc.

Combien je t'aime, ô fougère !
Lorsque, discrète et légère,
Tu sers de trône aux plaisirs,
Ou quand, fragile et sonore,

Par le jus qui te colore
Tu ranimes nos désirs !
Et tic, et tic et tic, etc.

Au choc redoublé du verre
Le vieillard au front sévère
Se déride, reverdit....
Et la belle qu'on adore
Parait plus piquante encore
Quand avec elle on a dit :
Et tic, et tic et tic, etc.

La peste soit du bélitre
Qui le premier de la vître
Fonda le maudit abus !
Il nous ôte par fenêtre
Trente verres, que peut-être
Aujourd'hui nous aurions bus :
Et tic, et tic et tic, etc.

Vingt juifs, que le diable emporte,
Sont consignés à ma porte,
Peut-être à la votre aussi....
Mais, Morbleu ! je me résigne,
Et leverai la consigne
Dès qu'ils sonneront ainsi.
Et tic, et tic et tic, etc.

O vous, poissons, volatiles,
Quadrupèdes et reptiles,
Combien vous devez pester !
Quand le hasard vous rassemble,
Vous avez beau boire ensemble,
Vous ne pouvez pas chanter : -
Et tic, et tic et tic, etc.

Gloire au soldat intrépide
Qu'à l'honneur le tambour guide !
Mais je n'en suis pas jaloux.
Rlantamplan répand l'alarme ;
Tic, tic, toc a plus de charme ;
Or, mes amis, chantons tous :
Et tic, et tic et tic, et toc, et tic, et tic,
et toc,
De ce bachique tin tin   }
Vive le son argentin !   }   *bis.*

LA MOUSSE.

Air : Du pas redoublé.

Amis des plaisirs et des jeux
Que Bacchus accompagne,
J'aime ce vin prompt et mousseux,
L'honneur de la Champagne :

Le voyez-vous dans le flacon ,
Bouillonner sans secousse ?
Tandis qu'il chasse le bouchon ,
Je veux chanter la mousse.

C'est lorsqu'elle part à grands flots
Que l'esprit se réveille :
Elle fait jaillir les bons mots
Du sein de la bouteille....
Et d'un tendron sourd au plaisir
L'humeur devient plus douce ,
Quand vers son ame , le désir
S'élance avec la mousse.

Si la mousse chère à Bacchus
Obtient mon juste hommage ,
Celle qui germe pour Vénus
Me plaît bien davantage.
Loin de tout regard indiscret ,
Dès qu'à l'ombre elle pousse ,
L'amour malin court en secret ,
Folâtrer sur la Mousse.

Mon sort vaut bien le sort des rois ,
Quand je tiens ma bergère
En jupon court, au fond d'un bois ,
Sur la mousse légère :
Nargue des beaux appartemens

Où le plaisir s'émousse;
Le trône des heureux amans
Est un tapis de mousse.

Ici bas toujours je me plus
A courtiser les belles;
Je veux, quand je ne serai plus,
Me retrouver près d'elles.
Passans, de mon dernier séjour
Que rien ne les repousse;
Sur ma tombe au nom de l'amour,
Laissez croître la mousse.

LE FOND DE LA BOUTEILLE,

CHANSON A BOIRE.

Air : Tous les bourgeois de Chartres.

Amis, n'allez pas croire
Que, rival de Caton,
Ouvrant un vieux grimoire,
Je vous parle raison;
Non, dans ce doux moment, où le plai-
sir m'éveille,

Quittant le ton du sentiment,
Je vais chanter tout bonnement
Le fond de la bouteille.

Pour dompter une belle,
Bacchus soutient l'amour ;
A tort elle est rebelle ;
Il faut céder un jour.
Dans ces débats charmans, où ce dieu
       fait merveille,
Fille, a beau crier au secours,
Hélas ! l'honneur reste toujours
Au fond de la bouteille.

Chacun connaît l'histoire
De ce fameux Santeuil,
Qui joignait à bien boire
Un tant soit peu d'orgueil.
Ce gaillard aimait tant le bon jus de la
       treille,
Que buvant du matin au soir,
Il eut vidé vingt brocs sans voir
Le fond de sa bouteille.

Mes amis, la sagesse
Nous étourdit en vain.
Fêtons l'aimable ivresse,
Et fêtons le bon vin.

Oublions en ce jour les chagrins de la
veille ;
Et que chacun , dorénavant ,
Trouve en chantant, riant, buvant,
Le fond de sa bouteille.

AIR DU VIEUX CHATEAU.

Prendre le tems comme il vient ,
Boire et chanter à sa guise ,
Ne s'embarrasser de rien ,
Ce fut toujours ma devise.
Nargue le cruel destin
Et les tourmens de la vie ;
Je caresse mon amie ,   *bis.*
Et je bois gaîment mon vin ;
Sans penser au lendemain.   *bis.*

Ami, jouis du moment ,
Le tems fuit à tire-d'aîle ;
Tu n'auras dans un instant
Plus de vin et plus de belle.
Nargue le cruel destin
Les tourmens de la vie :
Caresse bien ton amie ,   *bis.*
Bois gaîment de ce bon vin ,
Sans penser au lendemain.   *bis.*

LA BOUTEILLE.

CHANSON.

Air : Aussitôt que la lumière.

Qu'un autre invoque sa muse,
Pour animer son esprit ;
D'un tel moyen loin que j'use,
Ma bouteille me suffit.
Les glaces de l'Hypocrène
Ne furent jamais mon fait ;
J'aimerai mieux à Surène
Aller remplir mon sujet.

Jusqu'à notre heure dernière,
La bouteille est un trésor :
Pour endormir le Cerbère,
Ce sera mon rameau d'or.
Et si Caron inflexible
Me repousse de son bord,
Je le rendrai plus sensible
Avec un dernier rouge-bord,

Mon ombre joyeuse arrive

Près de Piron, de Panard,
Qui chantent sur l'autre rive
Et l'amour et le Pomard.
De peur de blesser l'oreille,
En me mêlant aux concerts,
Je battrai sur ma bouteille
La mesure de leurs airs.

Je croyais pouvoir sans peine
Etendre un pareil sujet ;
Mais quoi donc ! perdrai-je haleine,
Au quatrième couplet ?
La bouteille enchanteresse
Semblait devoir m'exciter :
Je sais mieux, je le confesse,
La vider que la chanter.

CHANSON BACHIQUE.

Le bon vin donne du courage,
Il dissipe le noir chagrin ;
S'il arrive que, trop peu sage,
On prodigue ce jus divin,
Dans la nuit on dort davantage
Pour mieux boire le lendemain.
Travailler, chanter, rire et boire,

Voilà mes plaisirs et ma gloire.

Autrefois un jeune tendron
Me causait aussi quelque ivresse
Qui troublais par fois ma raison ;
Mais l'amour vieillit la jeunesse ;
Et le vin soutient la vieillesse ;
Il n'est point de comparaison.
Travailler , chanter , rire et boire ,
Voilà mes plaisirs et ma gloire.

LE BUVEUR

Partagé entre le vin et l'amour.

Air connu.

Vive le vin ! vive l'amour !
Amant et buveur tour-à-tour ;
Je brave la mélancolie ;
Jamais les peines de la vie
Ne me coûtèrent des soupirs :
Avec l'amour, je les change en plaisirs ;
Avec le vin je les oublie.

RONDE BACHIQUE.

Air : Aussitôt que la lumière.

De César et d'Alexandre
Que l'on chante les hauts faits ;
Moi , du père le plus tendre
Je célèbre les bienfaits.
Mars ne forge que des chaînes ,
Des humains c'est l'oppresseur ,
Bacchus , sensible à leurs peines ,
En est le consolateur.

A la vaine renommée
Dont jouissent les héros ,
Je préfère la fumée
Qu'on respire en nos caveaux.
Ce bâton , l'honneur des armes ,
Qu'ambitionne un guerrier ,
Offre à mes yeux moins de charmes ,
Que la clef de mon cellier.

Jamais d'un culte frivole
Je n'honorais les autels
De cette inconstante idole ,

Qu'encensent de vils mortels.
Je méprise la fortune,
Je déteste les grandeurs ;
Par mes vœux je n'importune
Que le père des buveurs.

En vain l'amour par ses charmes
Voudrait être mon vainqueur :
Je suis toujours sous les armes,
Prêt à défendre mon cœur.
Et quand le Dieu de Cythère
M'aborde avec son bandeau,
J'ai ma bouteille et mon verre
Pour éteindre son flambeau.

Chanter, danser, rire et boire,
A table avec mes amis :
Voilà mon unique gloire,
Tous mes vœux sont accomplis.
Oui, charmant dieu de la treille,
La gaîté dans un repas,
Mes amis et ma bouteille
Font mon bonheur ici bas.

MA MORALE,

Air : Tout roule aujourd'hui dans le monde ;
ou Des simples jeux de son enfance.

Du peu de jours de notre vie ,
Pourquoi faire des jours d'ennui ?
Livrons nos cœurs à la folie ,
Ce systême n'a jamais nui.

Malheureux l'être qui raisonne ,
Il est toujours sombre et chagrin ;
Suivez l'avis que je vous donne
Moralisez avec le vin :

C'est ma manière à moi , j'aime à rire ,
j'aime à boire , et je m'en applaudis , car..

Du peu de jours , etc.

Mon sort n'excita point l'envie ,
Je fus laid, je n'eus point d'esprit ;
Toujours la fortune ennemie
M'ôta les dons qu'elle me fit :

Vous croyez peut-être que dans mes

malheurs j'injuriais le Ciel, les hommes, toute la nature. Vous vous trompez; au lieu de pleurer, je chantais, et voici quel était mon refrain :

Du peu de jours, etc.

D'amour j'ai ressenti l'ivresse ;
De grands sermens redis cent fois,
N'ont pas empêché ma maîtresse
De me quitter au bout d'un mois :

Oh ! ce coup-là me fut bien sensible ! Je fus plus de vingt-quatre heures à m'en consoler ; mais à la vingt-cinquième, je me dis à moi-même : eh bien ! pauvre imbécille ! Tout ceci n'est rien, du courage, allons....

Du peu de jours, etc.

J'ai vu l'Effroi, la Jalousie,
Escorter les pauvres rimeurs,
Et tous dévorés par l'Envie,
Couronner ses serpens de fleurs :

Malgré cela je voulus être poète. Heureusement que cette fantaisie dura peu, et qu'elle se réduisit à la composition *d'une petite chansonnette qu'un verre de vin m'inspira. Mais comme je fus mècontent de mon ouvrage, je pris congé des Muses, et j'avallai mon Appollon en chantant :*

Du peu de jours, etc.

Certain jour d'hiver, sur la brune,
Des voleurs vident mon caveau,
Le lendemain qu'elle infortune !
Je prends femme, et je bois de l'eau :

Eh bien ! tout en regrettant mon vin et ma liberté, je ne m'écriai pas moins....

Du peu de jours, etc.

Sans la gaieté, rangs et richesses
Ne méritent que des mépris ;
Pour fixer chez soi l'allégresse,
Il faut encore de vrais amis :

Je me flatte que vous approuvez tous mon systême, chers convives, et que vous ne ferez aucune difficulté de répèter d'après moi, et avec moi :

Du peu de jours, etc.

ÉLOGE DE BACCHUS.

Air : Mon père était pot.

Sans boire, en vain nous prétendons
    Plaire au Dieu des vendanges :
Ce n'est qu'en usant de ses dons
    Qu'on chante ses louanges :
        Parmi tous les Dieux,
        Qui mérite mieux,
    Amis, qu'on le révère ?
        L'aimable Bacchus
        Fait par son doux jus
Le bonheur de la terre.

De chaque immortel, je le sais,
    La bonté libérale,
Envers nous, par quelques bienfaits
    Tous les jours se signale :
        Mais quelque charmans
        Que soient leurs présens,
    Nul au vin ne ressemble :
        Aimable Bacchus,
        Dans ton divin jus
Sont tous les biens ensemble !

*

Quand on veut perdre de ses maux
L'importune mémoire,
Ce ne sont pas les tristes eaux
Du Léthé qu'il faut boire :
Loin de nous guérir,
L'eau ne fait qu'aigrir
Le mal qui nous possède.
L'aimable Bacchus,
Dans son divin jus,
Offre un plus sûr remède.

Le Soldat, dont cette liqueur
Échauffe le courage,
Cherche à signaler sa valeur
En volant au carnage :
Aussi nos Guerriers,
De tous leurs lauriers,
Lui rapportent la gloire :
Aimable Bacchus,
A ton divin jus,
Ils doivent la victoire !

Ariane avait fait serment
De n'aimer de la vie,
Lorsque par son perfide Amant,
Sa flamme fut trahie :
D'Amour tous les traits
Ne purent jamais

Vaincre son cœur rebelle :
Tu parais , Bacchus ,
Et ton divin jus
Te soumet cette Belle !

Voyez Anacréon assis
A l'ombre d'une treille ,
Chanter parmi les Jeux , les Ris ,
Glycère et sa bouteille ;
L'hyver de ses ans
A les agrémens
Dont brille la jeunesse :
Pour qui boit, Bacchus,
De ton divin jus ,
Il n'est point de vieillesse.

Desirez-vous , par vos chansons ,
Mériter que la gloire
S'empresse de graver vos noms
Au Temple de Mémoire ?
Pour les composer ,
N'allez pas puiser
Dans la docte fontaine :
L'aimable Bacchus ,
Avec son doux jus,
Fait plus que l'Hyppocréne.

Aux plaisirs que l'on goûte aux Cieux

Ne portons point envie :
N'avons-nous pas, comme les Dieux ,
Aussi notre Ambroisie ?
Oui , cette liqueur
Procure un bonheur
Que jamais rien n'alterre.
Aimable Bacchus ,
Avec ton doux jus ,
Le Ciel est sur la terre !

LA MORT DE GRÉGOIRE.

POT-POURRI D'IVROGNE.

Air : Vous m'entendez bien.

Grégroire est mort de vétusté ,
Ami , buvons à sa santé.
Publions un programme ,
Eh bien !
Pour son Epi....thalame ,
Vous m'entendez bien.

Que chacun y mette du sien ,
Ça va faire un effet de chien.

Pour moi , chers Camarades ,
Eh bien !
J'y mettrai deux.... rasades ,
Vous m'entendez bien.

Le lendemain de Saint Remi ,
Il eût eu cent ans et demi :
J'ai deviné l'affaire ,
Eh bien !
Avec son Baptistaire.
Vous. m'entendez bien.

Quoiqu'il aimât beaucoup le vin ;
Il était savant comme vingt ;
Lisant quoiqu'il fût ivre ,
Eh bien !
Il buvait comme.... un livre ,
Vous m'entendez bien.

Un jour qu'il chantait au Lutrin ,
Il se mit à crier soudain :
La Reine Bérénice ,
Eh bien !
Elle est là-haut qui.... glisse ,
Vous m'entendez bien.

Lorsque sa femme tempêtait ,
Le bon Grégoire la battait ,

Et lui disait en outre :
Eh bien !
Allez.... chercher la rime ;
Vous m'entendez bien.

Mais Grégoire enfin s'appaisait,
Et sa femme alors lui disait:
Pour adoucir ma peine ,
Eh bien !
Turlututu.... rengaine ,
Vous m'entendez bien.

Plus beau que Philippe le Bel ,
Il dansait comme feu Marcel ;
Il aimait tant la danse ,
Eh bien !
Qu'il marchait en.... cadence ,
Vous m'entendez bien.

Quand il mourut , c'était pitié ,
Sa bouteille était à moitié.
Dans ma douleur subite,
Eh bien !
Je,. .. l'achevai bien vîte ,
Vous m'entendez bien ,

Mais le jour qu'il fut enterré ,
Je lui chantai *Miserere*
Mei , Deus , mon frère ,

Eh bien !
Où veux-tu qu’on t’enterre ?
Vous m’entendez bien.

Il était devenu sournois,
Car il n’éleva pas la voix,
Hélas! voyez donc comme,
Eh bien!
La mort vous.... change un homme,
Vous m’entendez bien.

Mais Grégoire, par son trépas,
Ne dérange rien ici-bas;
La Terre est toujours ronde,
Eh bien !
Buvons donc à.... la ronde,
Vous m’entendez bien.

COUPLETS BACHIQUES.

Air : Monseigneur, vous ne voyez rien.

Quel plaisir d’être en ces lieux,
De boire et de chanter ensemble !
Vive, vive le vin vieux,
Et l’amitié qui nous rassemble !

Que chacun, le verre à la main,
Bannisse d'ici le chagrin !
        Chantons, chantons tous,
Chantons le Dieu de la treille ;
        Chantons, chantons tous,
Buvons et faisons les fous.

        Le bonheur tant recherché
De la froide Philosophie
        Dans le bon vin s'est caché
        Entre les bras de la folie ;
Le vin appaise nos douleurs,
Charme l'esprit, unit les cœurs.
        Chantons, etc.
        Vénus aux plus tendres cœurs
Cause toujours quelques allarmes,
        Et ses plus douces faveurs
Font bien souvent couler nos larmes ;
Mais Bacchus est plus généreux,
Sans trouble il sait nous rendre heureux.
        Chantons, etc.

        Amis, puissions-nous long-temps
Braver les Parques inhumaines !
        Toujours gais, toujours contens,
Boire à longs traits l'oubli des peines ;
Et même aux portes du tombeau,
Répéter ensemble en Rondeau,

Chantons, chantons tous,
Chantons le Dieu de la treille :
Chantons, chantons tous,
Buvons et faisons les fous.

ANACRÉON PEINT PAR LUI-MÊME.

TRADUCTION DE L'ODE XXXIXe D'ANACRÉON.

Air connu.

Quand je bois, joyeux délire
S'empare aussi-tôt de mon cœur,
Et j'offre aux Muses, sur ma lyre,
L'hommage pur d'un chant flatteur.

Quand je bois, le vin me donne
Doux remède aux chagrins amers,
Et mes soins je les abandonne
Aux vents qui tourmentent les mers.

Quand je bois, soudain je nage
Dans un océan de douceurs,
Je suis bercé dans un nuage
Que forme l'haleine des fleurs.

Quand je bois, rosier flexible
Devient couronne entre mes mains ;
J'en décore mon front paisible ,
Et je chante mes jours sereins.

Quand je bois, mon cœur s'embrase ;
Sur moi coulent parfums flatteurs,
Et ma belle, dans mon extase ,
De Vénus reçoit les honneurs.

Quand je bois jus de la treille ,
Dans une tasse à dos voûté ,
Au sein d'une troupe vermeille ,
Je vais répandre ma gaité.

Quand je bois, je prends un gage
D'un éternel et vrai plaisir ;
En touchant au fatal rivage,
J'aurai pour moi ce souvenir.

CHANSON BACHIQUE.

Air: Mon père était pot.

Qu'un autre célèbre l'Amour,
    Les Grâces et leur mère :
Le Dieu du vin est sans détour

De Dieu que je préfère ;
Malgré la beauté ,
Ma fois tout compté ,
J'aime encore mieux boire :
On aime un instant ,
Mais on boit long-temps
Nous disait feu Grégoire.

Ne me vante point tes lauriers ,
Cruel Dieu de la Guerre ,
Tes Héros , tes braves , Guerriers ,
Epouvantent la terre ;
Conviens avec moi
Qu'il vaut mieux cent fois
Se battre à coup de verre ;
On se bat gaiment ,
L'on vit plus long-temps ;
Vive pareille guerre !

Chacun prône le paradis
Que Mahomet nous donne ;
Il nous y promet des houris ,
C'est nous la bailler bonne,
Pauvre amant , sans vin ,
Dans ce lieu divin
Hélas ! je me consume.
Amour , ton beau feu
Se conserve peu
Si le vin ne l'allume.

Le Bourguignon a beau vanter
Sa liqueur nourrissante ;
Et le champenois préférer
Sa mousse pétillante :
Quand le vin est bon ,
Pour moi sans façon
Je le bois à merveille ;
Pourvu que toujour ,
Chacun à son tour ,
M'apporte une bouteille.

On dit que le bon Champenois
N'a guerre de cervelle ;
Un Sage a décidé , je crois ,
Cette antique querelle.
Pourquoi , disait-on ,
Dans ce beau canton ,
L'esprit est-il si mince ?
C'est que l'on a mis
Dans ce jus exquis
L'esprit de la Province.

LA VRAIE SAGESSE.

Air : Nous sommes précepteurs d'Amour.

Qu'un autre chante ses amours ,
Et son Iris toujours volage ;
Je ne veux aimer de mes jours ;
Bacchus aura seul mon hommage.

Tendres favoris d'Apollon ,
Volez au temple de mémoire ;
Mes celliers sont mon Hélicon ;
Au fond de mes brocs est la gloire.

Suis tes projets ambitieux ,
Guerrier , va conquérir le monde.
C'est du sang qui coule à tes yeux ,
Chez moi le vin coule à la ronde.

Insensé ! pour te faire un nom :
Faut-il te donner tant de peine ?
Avant le héros d'Illion ,
Virgile avait chanté Silène.

Qu'épris de tes calculs savans
L'Anglais Newton, chante ta gloire,
Je ne compte que les instans
Qui doivent s'écouler à boire.

A quoi tendent tous tes travaux,
Alchymiste indéfinissable ?
Trouveras-tu dans tes fourneaux
Une bouteille intarissable ?

Jamais d'un procès, au barreau,
Je me donnai la connaissance.
Thémis siège sur mon tonneau,
Une bouteille est sa balance.

Quoi toujours envoyer aux eaux !
Docteur, quelle est donc ta manie ?
L'eau ne prolonge que les maux,
Et le vin prolonge la vie.

Toi qui, criant contre le vin,
Fais admirer ton éloquence,
Tes discours, sans ce jus divin,
Auraient-ils tant de véhémence ?

La sagesse n'est point ton lot,
Caton, n'en fais plus d'étalage ;
Tu ne bois pas ; tu n'es qu'un sot :
Je bois, et je suis le vrai sage.

LA DOUCE PHILOSOPHIE

D'ANACRÉON.

Air : Effrayé des maux que la guerre.

Mon plus doux bonheur sur la terre ,
Est de boire et chanter des vers ;
Et le front couronné de lierre ,
Je dédaigne tout l'univers.
Que d'autres épris de la gloire ,
Pour obtenir quelques lauriers ,
Affrontent , parmi les guerriers ,
La mort aux champs de la victoire.
Mais pour moi qui n'ai que d'ambitieux
        désirs ,
Mes jours sont à Bacchus et mes nuits
      aux plaisirs.

Souvent pour une vaine gloire ,
Le guerrier cherche les combats ;
Pour vivre au temple de mémoire ,
Il vit malheureux ici-bas.
Comme lui je n'ai pas envie
En mourant de me faire un nom ;

Si l'on perd cent fois la raison,
On ne perd qu'une fois la vie.
Buvons, ô mes amis ! c'est le plus doux
                              plaisir,
Et c'est au champ d'amour que nous
                              devons mourir.

Fuyez cruelle inquiétude,
Laissez-moi ma sécurité ;
Ne troublez point ma solitude,
Par une triste vérité.
Je sais bien qu'il faut que je meure,
C'est pourquoi je veux bien jouir ;
Sans rien craindre de l'avenir,
En paix j'attends ma dernière heure.
Buvons, ô mes amis ! et puisqu'il faut
                              mourir,
Jouissons du présent dans le sein du
                              plaisir.

LE VIN.

Air du Pétit Matelot.

Pour mieux redoubler mon ivresse,
Je veux encor chanter le vin,
Cette liqueur enchanteresse,
Où je sus noyer le chagrin.
Bacchus du plaisir est le père ;
De son jus goûtons la douceur :
Mes amis, c'est au fond du verre
Que l'homme trouve le bonheur.

Le vin nous conduit à la gloire,
Il anime tous nos travaux ;
Quelquefois à force de boire,
Le poltron devient un héros.
Le vin nous donne de la grâce
(Bacchus est l'ami d'Apollon) ;
Il inspira les vers d'Horace ,
Et les chansons d'Anacréon.

Aux dieux qui préside à la treille,
L'Amour souvent dut ses succès :
Pour mieux blesser, dans la bouteille

L'enfant malin trempe ses traits.
En buvant, la belle soupire,
Elle ne voit plus le danger;
Et du vin l'aimable délire
Fait sonner l'heure du berger.

Pour charmer le cours de la vie,
Ne songeons point au lendemain ;
Et pour toute philosophie
Répétons toujours ce refrain :
Bacchus du plaisir est le père,
De son jus goûtons la douceur :
Mes amis, c'est au fond du verre
Que l'homme trouve le bonheur.

TRINQUONS.

Air : Bonjour, bonsoir.

Nous pouvons au dessert
Rimer malgré Minerve,
Lorsque Bacchus nous sert
A former un concert;
Ayons donc en réserve
Quelques bons vieux flacons,

Et pour nous mettre en verve
    Trinquons !

Le vin servit Panard
Mieux que l'eau du Permesse ;
Un chansonnier canard
N'aurait pas eu son art :
Bacchus donne sans cesse
Le courage aux Gascons,
Aux auteurs la richesse...
    Trinquons !

Des Zéphirs caressans
Quand l'haleine légère
Vient ranimer nos sens
Et nos gazons naissans,
Pour fléchir la bergère
Qu'en vain nous attaquons,
Au bois sur la fougère,
    Trinquons !

Malgré Zéphire en pleurs,
Quand de longues journées
Sèchent par leurs chaleurs
Nos gosiers et nos fleurs,
Nos fleurs tombent fanées ;
Nous qui les remarquons,
Pour fuir leurs destinées,
    Trinquons !

Forcés de nous rasseoir
Lorsqu'il tonne en automne,
Restons dans le pressoir
Du matin jusqu'au soir :
Pour oublier qu'il tonne,
En buveurs rubiconds,
Sur le cul d'une tonne
     Trinquons !

Pendant nos longs hivers
Plus de jeux sur l'herbette :
Nos prés, nos gazons verts
De neiges sont couverts :
La vigne qu'elle arrête
Languit sous ses flocons ;
Mais.... la vendange est faite,
     Trinquons !

Profitons des instants ;
Trinquons dans le bel âge ;
Trinquons lorsque le temps
Vient nous rendre impotens !
Et pour le grand voyage
Quand nous nous embarquons,
Gaîment sur le rivage
     Trinquons !

LE CHAMPAGNE.

Air : de Turenne.

Riant de l'austère sagesse,
Entre une treille et la beauté ;
A la place de la tristesse,
J'aime à retrouver la gaîté.
Ici me croyant à Cocagne,
De chanter j'ai fait le projet ;
Or, je suis plein de mon sujet,
Car je vais chanter le Champagne.

Fier de renverser les entraves,
Du Français j'aime la valeur ;
Comme le Champagne, nos braves
Sont pétillans au champ d'honneur.
Pour terminer une campagne,
En frappant d'un bras affermi,
Ils ont, pour vaincre l'ennemi,
La vivacité du Champagne.

L'éclat sulfureux du tonnerre
N'a rien qui me fasse frémir ;
Pourvu qu'il respecte mon verre,

Je suis tout prêt à le bénir.
Quand en grondant sur la campagne
Son fracas déchire le ciel ,
Je crois voir le père Eternel...
Brisant un flacon de Champagne.

Entre la Seine et la Tamise,
Amis , point de comparaison ;
Ici la folie est admise ,
Et là-bas règne la raison
Le Français fête sa compagne ,
Quand l'Anglais de se pendre est fier ;
C'est qu'à Londres on boit du porter,
Et qu'à Paris, c'est du Champagne.

Ah ! cette liqueur sans pareille
Chez la beauté reçut le jour ;
Sa nourrice fut une treille ,
Mais son vrai père fut l'Amour.
Femme que la grâce accompagne ,
Je le vois dans votre œil malin,
Ce fut d'un cerveau féminin
Qu'Amour fit jaillir le Champagne.

Image de l'indépendance,
J'aime ce vin séditieux ;
Voyez ce bouchon, il s'élance ,
De cette table jusqu'aux cieux !

Pour battre là-haut la campagne,
Pourquoi faut-il, joyeux lurons,
Que de ce monde nous partions...
Aussi vite que le Champagne?

HONNEUR AU VIN,

AMOUR AUX BELLES.

(Chanson à deux fins.)

Air: J'étais bon chasseur autrefois.

C'est dans le vin que de l'ennui
Nous trouvons le sûr antidote ;
Source du vrai bonheur, sans lui
L'homme ne vit point, il vivote.
Or, mes amis, jusqu'au tombeau,
Jurons de proclamer sa gloire :
Est-il donc un serment plusbeau } *bis.*
Que celui de vivre pour boire ?

Vive le vin! fut-il jamais
Un mot d'ordre plus agréable ?
Chers compagnons, que désormais

Lui seul nous réunisse à table ;
Qu'il soit toujours de nos chansons
Le sujet, le texte suprême ;
Et quand par lui nous commençons ,
Que ce soit pour finir de même.

PRÉCIEUX AVANTAGES DU VIN.

CHANSONNETTE

*Faite après dîner, et offerte à la médi-
tation de tous les buveurs d'eau.*

Air connu.

Lorsque j'ai bu du bon vin ,
J'oublie aussitôt mes peines :
Loin de moi fuit tout chagrin ,
Lorsque j'ai bu du bon vin.
C'est comme un baume divin
Qui s'est glissé dans mes veines.
Lorsque j'ai bu du bon vin ,
J'oublie aussitôt mes peines.

Lorsque j'ai bu du bon vin ,

Tout est au mieux sur la terre.
Je rends grâces au destin,
Lorsque j'ai bu du bon vin.
Le tonnerre gronde en vain,
En vain l'on parle de guerre....
Lorsque j'ai bu du bon vin,
Tout est au mieux sur la terre.

Lorsque j'ai bu du bon vin,
J'ai payé toutes mes dettes,
Mon coffre-fort est tout plein.
Lorsque j'ai bu du bon vin,
Je puis dépenser sans fin,
Je compte sur mes recettes.
Lorsque j'ai bu du bon vin,
J'ai payé toutes mes dettes.

Lorsque j'ai bu du bon vin,
J'ose m'approcher des dames ;
Je suis moins timide, enfin,
Lorsque j'ai bu du bon vin.
Je dois à ce jus divin
Quelques succès près des femmes.
Lorsque j'ai bu du bon vin,
J'ose m'approcher des dames.

Lorsque j'ai bu du bon vin,

Je suis rempli d'indulgence.
Je vois les sots sans dédain,
Lorsque j'ai bu du bon vin.
Oui, du plus plat écrivain
J'excuse l'impertinence ;
Lorsque j'ai bu du bon vin ,
Je suis rempli d'indulgence.

Lorsque j'ai bu du bon vin,
J'ai la croyance légère.
Je vois en beau mon prochain ,
Lorsque j'ai bu du bon vin :
Je tiens pour probe Scapin ,
Laïs pour chaste et sincère. .
Lorsque j'ai bu du bon vin :
J'ai la croyance légère.

Lorsque j'ai bu du bon vin ,
De tout alors je m'amuse.
Je joue avec un pantin,
Lorsque j'ai bu du bon vin.
Je ris des tours d'Arlequin ,
Tabarin me plaît, m'abuse...
Lorsque j'ai bu du bon vin ,
De tout alors je m'amuse.

Lorsque j'ai bu du bon vin ,
Je vais toujours à merveille.

Je nargue mon médecin,
Lorsque j'ai bu du bon vin.
Foin de ce vieux patelin !
Mon docteur, c'est ma bouteille...
Lorsque j'ai bu du bon vin,
Je vais toujours à merveille.

Lorsque j'ai bu du bon vin,
La mort ne m'étonne guère ;
Je la vois d'un œil serein,
Lorsque j'ai bu du bon vin ;
Je la prendrais par la main,
Et je lui tendrais mon verre :
Lorsque j'ai bu du bon vin,
La mort ne m'étonne guère.

Lorsque j'ai bu du bon vin,
Je jase comme une pie ;
Ma langue est un vrai moulin,
Lorsque j'ai bu du bon vin,
Si mes couplets sont sans fin,
Pardonnez, je vous en prie....
Lorsque j'ai bu du bon vin,
Je jase comme une pie.

L'ACCORD HEUREUX.

CHANSON BACHIQUE.

Air : De la fanfare de Saint Cloud.

Las de se faire la guerre,
Bacchus et le dieu d'amour
Burent dans un même verre,
Et firent la paix un jour.
O jour digne de mémoire !
Depuis cet accord heureux,
L'amour nous permet de boire,
Et Bacchus d'être amoureux.

Pour gage, au dieu de la treille,
L'amour donna son flambeau ;
Bacchus donna sa bouteille,
Pour rendre l'accord plus beau.
O jour digne de mémoire !
Depuis cet échange heureux,
L'amour nous invite à boire,
Bacchus nous rend amoureux.

LE CULTE DU BUVEUR.

Air connu.

Aussitôt que la lumière
Vient redorer nos côteaux,
Je commence ma carrière
Par visiter mes tonneaux:
Ravi de revoir l'aurore ;
Le verre en main, je lui dis :
Vois-tu sur la rive maure
Plus qu'en mon nez de rubis ?

Le plus grand roi de la terre,
Quand je suis dans un repas,
S'il me déclarait la guerre,
Ne m'épouvanterait pas :
A table rien ne m'étonne,
Et je crois, lorsque je boi
Si là-haut Jupiter tonne,
Que c'est qu'il a peur de moi.

Si quelque jour étant ivre,
La mort arrêtait mes pas,
Je ne voudrais pas revivre

Pour changer ce doux trépas ,
Je m'en irais dans l'Averne
Faire enivrer Alecton ,
Et bâtir une taverne
Dans le manoir de Pluton.

Par ce nectar délectable ,
Le démon étant vaincu ,
Je ferais chanter au diable
Les louanges de Bacchus.
J'apaiserais de Tantale
La grande altération ,
Et, passant l'onde infernale ,
Je ferais boire Ixion.

Au bout de ma quarantaine,
Cent ivrognes m'ont promis
De venir , la tasse pleine ,
Au gîte où l'on m'aura mis ;
Pour me faire une hécatombe
Qui signale mon destin ,
Ils arroseront ma tombe
De plus de cent brocs de vin.

De marbre ni de porphyre
Qu'on ne fasse mon tombeau ;
Je ne veux jamais élire
Que le contour d'un tonneau ,

Et veux qu'on peigne ma trogne
Avec ces vers à l'entour :
« Ci-gît le plus grand ivrogne
» Qui jamais ait vu le jour. »

LES VENDANGES DE VÉNUS.

Air : Dieu favorable aux Dames.

Dans l'île de Cythère ,
Vénus a son pressoir ,
Que soigneux de lui plaire ,
Les Plaisirs font mouvoir.
Il en coule sans cesse
Un nectar précieux ,
Liqueur enchanteresse
Dont s'enivrent les Dieux.

Une cuve bien pleine
Est du goût de Bacchus ;
Il serait à la gêne
Dans celle de Vénus.
Le plus petit espace
Renferme mille appas :
Le vin tient de la place ,
Le plaisir n'en tient pas.

Ainsi que dans les vignes ,
Un seul va recueillir .
Quelques grappes malignes
Qu'on n'a pu découvrir ;
Armé d'une faucille ,
Dans Cythère, à son tour ,
Le pauvre Aymen grapille
Les restes de l'Amour.

Bacchus, des jeux le père ,
Aime un riant séjour ,
Que le soleil éclaire ,
Et vendange le jour.
Vénus aime le sombre
D'un champêtre réduit ,
Elle se plaît à l'ombre ,
Et vendange la nuit.

CHANSON BACHIQUE.

Air : Buvons à tire larigo.

On n'a jamais pu décider ;
  Messieurs à rouge trogne ,
Si la Champagne doit céder
  Le pas à la Bourgogne ;
    Pour juger leurs vins
    Armez tous vos mains
  Chacun d'un double verre ;
    Nous sommes ici
    Assez , Dieu merci ,
Pour vider cette affaire.

Qu'en pensez-vous ? parlez sans fard ,
  Beaune a droit de vous plaire ;
Aimeriez-vous mieux ce Pomard
  Qui rit dans la fougère ?
    De ce Volenai ,
    Qui rend le cœur gai ,
  Buvons pleines rasades ,
    Nuits et Macon ,
    Voilà le bouillon
Qui convient aux malades.

7

Le Champenois a des attraits
Qui flattent davantage ;
De quel prix est pour les gourmets
Le vin de l'Hermitage ?
La pointe d'Aï,
Le feu du Chably,
Troublent plus d'une tête ;
Le vieux Auvilé
N'a jamais coulé
Que pour les jours de fête.

Avec raison des deux cantons
On vante la vendange ;
Les Champenois, les Bourguignons,
Sont dignes de louange ;
Pluton, de mes jours
Eut tranché le cours,
Sans toi, Bourgogne aimable,
Rends-moi ma gaieté,
Rends-moi ma santé,
Toi seul en es capable.

Mais lorsqu'un grain de volupté
Ou de libertinage
A plus vivement excité
Mon trop jeune courage,
Pour voir à mes vœux,
Toujours plus nombreux,

Sourire ma compagne ,
Pendant le repos
Des plus doux travaux ,
Je sable du Champagne.

LES TROIS PHILOSOPHES ,

CHANSON MORALE.

Air : N' v'la t'il pas qu' j'aime.

Un philosophe , buveur d'eau ,
Déclamait sans vergogne
Contre la vigne et le tonneau ,
Et contre la Bourgogne.

Un autre sage , plein d'effroi ,
A l'aspect d'une fille ,
Disait : « Grands Dieux ! préservez-moi
» De la trouver gentille. »

Je m'écriai : « Mortels divins ,
» Je tiens plus à la vie ,
» Et ce qui cause vos dédains
» Fait ma philosophie.

» Je sers Bacchus, je sers l'Amour :
  » Bon vin, tendre bergère,
» Tous deux remplissent tour-à-tour,
  » Et mon cœur et mon verre. »

LES DEUX COMPÈRES.

DIALOGUE.

Air : Qu'en dites-vous compère.

GROS-JEAN.

Au cabaret, compère,
Je suis toujours en train :
Loin de ma ménagère
J'aime à boire le vin,
Je suis toujours en train ;
L'amour est agréable
A faire à deux beaux yeux;
Mais, ce n'est pas à table,
Morgué qu'on le fait mieux.

MATHIEU.

Au lit et sous la treille
Ma femme a toujours tort ;

Le bon vin la réveille
Et puis le lit l'endort.
Ma femme a toujours tort ;
La tienne est plus aimable,
Elle a le bon esprit
De bien dormir à table
Et de bien boire au lit.

LA RECETTE INFAILLIBLE.

Air : Nous sommes précepteurs d'amour.

A quoi bon former tant de vœux ?
Pour les biens, les honneurs, la gloire ?
Veut-on vivre toujours heureux ?
Il faut toujours aimer ou boire.

Avec toi, charmant dieu du vin,
Règne une éternelle allégresse :
Le pouvoir de ton jus divin
L'inspire même à la vieillesse.

Je plains celui qui n'est qu'amant,
Prenez Bacchus plutôt pour maître.
On peut être heureux en aimant,
En buvant on est sûr de l'être.

Mais voulez-vous qu'aucun retour
Ne trouble un état si paisible ,
Aimez et buvez tour-à- tour ;
Votre bonheur est infaillible

COUPLET.

Air : A la beauté faisons hommage.

Immortels, du dieu de la lyre
Ecoutez la douce leçon ;
Si l'on n'y peut chanter et rire
Les cieux ne sont qu'une prison.
Ah ! croyez-moi , joyeuse ivresse
Vaut mieux que triste majesté :
Sans le nectar , sans la tendresse ,
Que serait l'immortalité ?

J'ai vu le maître du tonnerre ,
Déposant son sceptre éternel ,
Trop heureux d'être sur la terre
Le rival d'un simple mortel ;
Et si Jupin , dans son ivresse ,
Eut trouvé rebelle beauté ,
Il eût , contre un mot de tendresse
Changé son immortalité.

Jadis par un ordre suprême,
Du ciel je me vis exilé ;
Mais sur la terre on boit, on aime,
Et je fus bientôt consolé.
Doux nectar et douce maîtresse
Enivraient mon cœur enchanté :
Grâce au vin, grâce à la tendresse
J'oubliais l'immortalité.

L'INCORRIGIBLE,

OU LE BUVEUR IMPÉNITENT,

Histoire de bien des gens.

Air : Du vaudeville des Visitandines.

Lucas, prêchant un jour Grégoire,
L'exhortait à se corriger
Du penchant qu'il avait à boire ;
« Ne te verra-t-on point changer
— J'y pense ; mais ne t'en déplaise
Dit l'autre, en lui tendant la main ;
Entrons au cabaret voisin,
Pour en jaser plus à notre aise.

CE QUE JE SAIS.

CHANSON BACHIQUE.

Air : Il faut rire.

Sur mes défauts on glose fort,
Et la voix publique, indiscrète,
Sans me pardonner un seul tort,
Avec pleine rigueur me traite.
Bien que je sois un franc vaurien,
Cependant, vous pouvez m'en croire,
Encor mieux qu'un épicurien
    Je sais boire.

Je ne sais pas, dans les soupirs,
Couler mes jours près d'un belle,
Et me consumer en désirs
Pour une maîtresse rebelle.
Mon cœur ne se fixe jamais ;
A voltiger je mets ma gloire ;
Je trahis tous mes sermens.... Mais
    Je sais boire.

Pour étudier le soleil
Qu'un savant contemple la nue ;

Chaque matin, à mon réveil,
Le verre en main, je le salue....
Je ne connais pas le latin,
Des anciens j'ignore l'histoire ;
Mais quand paraît le Chambertin
    Je sais boire.

Monarques, savans et guerriers,
Grands hommes que partout l'on vante,
Croyez-vous que de vos lauriers
L'ombrage glorieux me tente ?
Non, non... je n'en suis point jaloux.
Pour vivre au temple de mémoire
J'ai beaucoup plus de droits que vous....
    Je sais boire.

Je crains et ne le cache pas,
De quitter la machine ronde ;
La mort n'est rien... non, mais, hélas !
On ne boit plus dans l'autre monde !
En attendant que le destin
Me fasse passer l'onde noire,
Narguant le sort et le chagrin,
    Je sais boire.

CHANSON BACHIQUE.

Air : Aussitôt que la lumière.

Aimable dieu de la treille,
Viens animer nos propos ;
Que ton jus qui nous éveille
Fasse partir les bons mots !
Célébrons avec ivresse
Ce Dieu qui nous a soumis :
Buvons et chantons sans cesse
La bouteille et nos amis.

Chacun son goût, sa manie ;
La nôtre est d'aimer le vin ;
De passer gaîment la vie,
Buvant ce nectar divin.
Déjà mes yeux qui se troublent
Rendent joyeux mes esprits ;
Car à la fois ils me doublent
La bouteille et mes amis.

Chanter et faire bombance,
Tel est notre unique emploi :
Que chacun avec constance

Suive cette aimable loi.
Loin de ces lieux la tristesse,
Les chagrins et les soucis !
Mais conservons y sans cesse
La bouteille et nos amis.

Je voudrais passer ma vie,
Entre Bacchus et l'Amour ;
La nuit près de mon amie,
Et près du tonneau le jour.
Mon sort est digne d'envie
Quand près de moi l'on a mis
Grand verre, femme jolie,
La bouteille et mes amis.

LE BUVEUR INDULGENT.

Air : La mère Bontemps.

Quand je suis à jeun,
Je deviens caustique et morose ;
Alors sur chacun,
Sans aucune pitié, je glose ;
Le vin, quand je bois,
Opère sur moi ;
Dans mon cœur, pour l'humaine engeance

Je sens naître un peu d'indulgence ;
        Car quand je suis rond ,
        Tout me semble bon.

        A table, l'auteur
Qui de ses vers me fait lecture ,
        S'il veut la faveur
Que je l'écoute sans murmure ,
        Doit, à verre plein ,
        Me verser du vin ;
Pour moi, ses vers , dans mon ivresse ,
Auront force , grâce et finesse ;
        Car quand je suis rond ,
        Tout me semble bon.

        Plein d'un divin jus ,
J'entre au temple de Melpomène ,
        Tous les sens émus ,
J'applaudis les acteurs en scène ;
        Leurs gestes , leur jeu ,
        Je n'y vois que feu ;
A leurs accents , suivant la pièce ,
Je suis à Rome ou bien en Grèce ;
        Car quand je suis rond ,
        Tout me semble bon.

        Prés d'une beauté
Qui m'aurait à jeun paru fade ,

Je suis transporté.
Grâces à plus d'une rasade ,
Je vois des appas ,
Que Lise n'a pas :
Par mon ardeur un peu luronne
J'étonne et flatte la friponne ;
Car quand je suis rond ,
Tout me semble bon.

LE POUVOIR DU VIN.

GRANDE RONDE

A boire , à chanter , à danser , à faire
tout ce qu'il vous plaira.

Air : Ah ! le bel oiseau , vraiment.

CHOEUR.

Mes amis , buvons, buvons ,
Le vin m'enchante ,
Et je chante :
C'est au vin que nous devons
Les plaisirs que nous avons.

Tous ces faiseurs de pamphlets
Ont beau se casser la tête ;
Eh ! morbleu ! tous leurs feuillets
Valent-ils une feuillette ?

Mes amis , etc.

Quoique le latin soit beau ,
Plus d'un moderne Grégoire
N'entend pas le mot *bibo* ,
Mais il entend le mot bóire.

Mes amis , etc.

Un crésus compte à loisir
L'or dont son âme est avide :
Les flacons me font plaisir ;
Sans les compter je les vide.

Mes amis , etc.

Au savant qui lit aux cieux
Un long tube est nécessaire :
Pour sabler du vin mousseux
On n'a besoin que d'un verre.

Mes amis , etc.

Le dimanche aux Porcherons
Que de tonnes sont entrées

111

Dans le cou des bons lurons
Sans payer les droits d'entrées !

Mes amis, etc.

Salomon, qu'on chante en chœurs
S'égayait avec les dames ;
Pour attaquer trois cents cœurs
Il a grisé trois cents femmes.

Mes amis, etc.

Ce roi qu'on vante beaucoup,
David, pour se mettre en marche,
Avait bu son petit coup
Quand il dansa devant l'arche.

Mes amis, etc.

Job mourut sur un fumier,
Et c'est un trépas sans gloire :
S'il fût mort dans un cellier,
On chanterait sa mémoire.

Mes amis, etc.

On dit que Tobie enfin
En priant perdit la vue ;
N'est-ce pas plutôt le vin,
Qui lui donnait la berlue ?

Mes amis, etc.

Saint Jean, dans l'eau du Jourdain
Baptisait les hérétiques ;
Si c'eût été dans le vin,
Qu'il eût fait de catholiques !

Mes amis, etc.

Pour les vierges, entre nous,
N'allons pas brûler un cierge ;
Buvons onze mille coups :
C'est un coup pour chaque vierge.

Mes amis, etc.

On boit pour faire un fagot,
On boit pour faire une pièce,
On boit pour dire un bon mot,
On boit pour dire la messe.

Mes amis, etc.

Dussions-nous être étourdis,
A grands flots que le vin coule :
Que risquons-nous, mes amis ?
Ne peut-on marcher.... on roule.

Mes amis, etc.

COUPLETS.

Air : Un chanoine de l'Auxerrois.

Heureux qui du soir au matin
S'occupe à noyer dans le vin
    La noire inquiétude ;
Mahomet eut fait plus d'amis
Si son Evangile eut admis
    Cette béatitude.
De cette morale, enchanté,
Le monde eut sans peine chanté :
        Eh! bon, bon, bon,
        Que le vin est bon !
A ma soif j'en veux boire.

Il faut être fou du cerveau
Que d'aller suer sang et eau
    A polir une rime,
Pour attendre après, en tremblant,
D'un Public, souvent ignorant,
    Le mépris ou l'estime.
Moi, qu'on me fasse noir, ou blanc;
Je m'en console en répétant :
        Eh! bon, bon, etc.

Ce Mendiant, enguenillé,
A qui je donne par pitié
  Une aumône légère,
Le soir, plus libre et plus content,
Que moi-même qui le plains tant,
Il avale, à plein verre,
Les doux fruits de ma charité ;
Et puis, il chante à ma santé ;
  Eh ! bon, bon, etc.

L'Alchymiste, dans ses fourneaux,
Interroge tous les métaux,
  Il en sonde les veines ;
La Nature, avec ses secrets,
Trompe l'espoir de ses creusets
  Et se rit de ses peines.
Pour moi, sans peine et sans travaux,
Je fais de l'or avec ces mots :
  Eh ! bon, bon, etc.

Sur un tas de livres poudreux,
Un *Savantas*, sombre et hideux,
  Achète l'avantage
D'être en état de savoir bien,
Qu'au bout de tout, il ne sait rien.
  Le Buveur est plus sage ;
Son livre est un verre de vin ;
Il y sait lire ce refrain :
  Eh ! bon, bon, etc.

Sur les cordes d'un instrument,
Plus d'un Musicien suspend
  Son bonheur et sa vie.
Moi, qu'on me parle de gloux-gloux,
J'aime d'un flacon, d'un vin doux
  L'heureuse mélodie ;
Le vin ruisselle en gazouillant,
Et je l'accompagne en chantant :
  Eh ! bon, bon, etc.

De la Science et de l'éclat,
Et des lauriers du Doctorat,
  On se passe à merveille.
Amis, suivez plutôt mes pas,
Nous allons prendre, sans fracas,
  Les degrés de la treille ;
Dans cette aimable faculté,
On est tout quand on a chanté :
  Eh ! bon, etc.

COUPLETS BACHIQUES.

Air: J'avais à peine dix-sept ans.

Je veux bien, pour vous amuser,
  Prêter à la censure ;
Mais sur moi n'allez pas gloser,
  Amis, outre mesure.
Nous ne chanterons point l'Amour,
  Si vous voulez m'en croire ;
Il ne faut chanter en ce jour
    Que des chansons à boire.

Nous avons bien fait d'écarter
  L'Amour et sa sequelle,
Puisque le vin ne peut tenter
  Une tête femelle.
Que ferions-nous dans un repas
  Dont le vin fait la gloire,
D'un sexe qui ne mange pas,
  Et qui ne sait point boire ?

C'est par le vin qu'on a sauvé
  Plus d'une fois la France ;
Je vous aurais bientôt prouvé

Ce que je vous avance.
Le général a son soldat,
Pour avoir la victoire,
Promettait avant le combat,
De le bien faire boire.

Le premier qui trouva le vin,
Etait un homme sage,
De nous montrer le verre en main
Quel en était l'usage ;
Et notre brave homme Noé,
Si j'ai bonne mémoire,
Lorsque son vin était versé,
Savait fort bien le boire.

On vit le vin noyer cent fois
La morale sévère,
Et le moraliste aux abois
La chercher dans son verre ;
Et le Falerne au bon Caton,
A ce que dit l'histoire,
Fournissait plus d'une chanson,
Mais des chansons à boire.

Le vin fait naître le talent
Parmi les gens de plume ;
Le guerrier ne fait en buvant
Que suivre sa coutume.

Vit-on jamais un tonsuré
  Descendre au réfectoire,
Avant d'être bien assuré
  D'y trouver de quoi boire?

Il est temps que je mette fin
  A toutes ces chimères;
Car je m'aperçois que le vin
  Ne remplit pas les verres.
En regardant chaque flacon,
  Je suis tenté de croire
Que la longeur de ma chanson
  Vous empêche de boire.

Les couplets de nos bons aïeux
  Ne valaient pas les nôtres;
Si les miens ne sont pas heureux,
  Vous nous en direz d'autres.
Pour que chacun puisse apprêter
  Son bachique grimoire,
Avant de le faire chanter,
  Il faut le faire boire.

CHANSON BACHIQUE.

Air : Et tique, et toque, etc.

Tique, tique, tique, toque,
Tique, tique, tique, toque ;
De ce bachique tin tin
Vive le son argentin !
Par les cris de l'alégresse,
Amis, célébrons sans cesse,
Le premier qui fit du vin ;
Car sans son heureux génie
La gaîté serait bannie,
Nous n'aurions pas ce refrain.
Et tique, etc

C'est une chose fort belle
Que d'avoir ami fidele ;
Il n'est pas de sort plus doux :
Alors que l'on se rencontre
La franche amitié se montre
Par ces mots : Buvons un coup.
Et tique, etc.

D'un cheval, d'une charrette,

D'un fusil, fait-on emplette,
De se disputer on a tort,
Car de vin quelques bons verres
Arrangent mieux les affaires,
Et de suite on est d'accord.
Et tique, etc.

Nos ayeux mettaient leur gloire
A passer leurs jours à boire,
Le vin les rendait heureux ;
En France, que cet usage,
Mes bons amis, d'âge en âge
Revive chez nos neveux !

Tique, tique, tique, toque,
Tique, tique, tique, toque,
De ce bachique tin tin
Vive le son argentin !

BUVONS.

RONDE BACHIQUE.

Air : Ton , ton , tontaine , ton , ton.

Le plaisir ici nous ramène ;
Momus fait sauter les bouchons ,
Buvons , buvons , morguène , buvons ;
Tant que notre joyeux Silène
Nous fournira de vieux flacons ,
Buvons , morguène , buvons.

Comme on n'a point , à la fontaine
Puisé le vin que nous sablons ,
Buvons , buvons , morguène , buvons ;
En attendant que dans la plaine
L'eau fasse éclore les bourgeons ,
Buvons , morguène , buvons.

Afin de digérer sans peine
Jambons , chapons , dindons , marrons ,
Buvons , buvons , morguène , buvons ,
Et pour donner à notre Hélène ,
D'amour de nombreuses leçons ,
Buvons , morguène , buvons.

Faut-il s'élancer dans l'arène
Pour combattre, moi je réponds ;
Buvons, buvons, morguène, buvons ;
Nous ne devons au noir domaine
Jamais descendre que bien ronds,
Buvons, morguène, buvons.

Pour bannir les chagrins, la peine
Que trop souvent nous ressentons
Buvons, buvons, morguène, buvons ;
C'est le Léthé, qu'à tasse pleine,
Avec transport nous savourons,
Buvons, morguène, buvons,

Quand le tems d'une voix hautaine
Nous dira que nous vieïllissons,
Buvons, buvons, morguène, buvons ;
Car de Jouvence la fontaine
Ici coule à flots rubicons,
Buvons, morguène, buvons.

Avant que la parque ne vienne,
Même avec elle, en francs lurons,
Buvons, buvons, morguène buvons ;
Grisons-nous, grisons la vilaine,
Pour l'enterrer sous les bouchons,
Buvons, morguéne, buvons.

LA GARONNE,

RONDE GASCONNE.

Air : Mon père m'a donné un mari.

Vivent les Gascons mes amis ?
  Car en gascon le monde
      Avonde ;
Et la Garonne, à mon abis,
    Coule, sandis,
      En tous pays.
Vivent, etc.

En lurons le pays brilla,
On connait la baleur gasconne,
Et l'esprit chez nous régnera,
Tant que coulera la Garonne.
    Vivent, etc.

De la mer on dit qu'autrefois
Sortit Vénus, votre patronne ;
Sexe trompeur, pour moi, je crois
Qu'elle sortit de la Garonne.
    Vivent, etc.

Ici, croyez-en mon serment ;
A vous lorsque mòn cœur se donne
Jé né mens pas, et cependant
Jé suis des vords de la Garonne.
    Vivent, etc.

Ce vert galant, toujours en train,
Henri fut de race gasconne,
Depuis, amour, gloire et bon vin,
Sont tous natifs de la Garonne.
    Vivent, etc,

Qué dé marchands de bins en gros,
Qué dans Paris, nul ne soupçonne
Et qui font leurs bins dé Vordeaux
Abec dé l'eau dé la Garonne !
    Vivent, etc.

Plus d'un auteur en s'emvarquant
Crois déjà, sans qué rien l'étonne
Voire dans l'Hypocrène, quand
Il ne voit qué dans la Garonne,
Faites qué lé notre aujourd'hui,
        Chez nous boyage
        Sans naufrage,
Et qué la Garonne, pour lui,
Né soit pas lé fleùve d'oubli.

FIN.

Table.

FIN DE LA TABLE.

LILLE.—IMPRIMERIE DE BLOCQUEL.

CHOIX
D'AIRS OU TIMBRES

SUR LESQUELS

On peut chanter les diverses chansons de ce recueil, lorsqu'on ne connaîtra point l'air indiqué par l'auteur, ou celui particulièrement composé pour elles.

On entend par le mot *air* ou *timbre*, un vers quelconque, le premier vers, ou le refrain de la chanson pour laquelle l'*air* a été composé.

Chacun avec moi l'avoûra.
J'aime la force dans le vin.
N'en demandez pas davantage.
Ça fait, ça fait toujours plaisir.

sont des *airs* ou *timbres.*

Lorsqu'on ne connaîtra point l'air indiqué en tête d'une chanson de ce recueil, ou qu'il n'en aura pas été désigné, on pourra choisir un de

ceux qui se rapporteront aux cou‑
plets du même nombre de vers et de
rythmes semblables.

Il n'est pas inutile de faire remar‑
quer que si toutes les chansons por‑
tant un même numéro peuvent, se
chanter sur les mêmes *airs*, ces airs
ne conviennent pas tous aux paro‑
les ; c'est au lecteur à discerner celui
qui est plus propre à rendre les idées
que renferment ces chansons.

Les *airs*, dits de *facture*, étant
spécialement faits pour telle chanson
dont le rythme est particulier, on
n'en donnera point ici le choix, par‑
ce que le plus souvent ils ne convien‑
nent qu'à la seule chanson pour la‑
quelle ils ont été faits, à moins qu'on
ne parodie exactement le rythme des
paroles, pour qu'elles puissent s'a‑
dapter parfaitement à l'air.

On conçoit que le lecteur peut ajou‑
ter à ce choix, tous les airs qu'il con‑
nait, et tous ceux qui pourront être
faits par la suite : nous nous sommes
bornés à indiquer les plus connus.

(1) COUPLETS

de 8 vers de 10 syllabes

Féminin, masculin, alternatifs.

Ce fut toujours de la simple nature.
Contentons-nous d'une simple bouteille.
Pourquoi faut-il ici bas que la peine?
J'aime les prés, les champs et les bois som-
bres.
Mon petit cœur à chaque instant soupire.
Muse des jeux et des accords champêtres.
Vaudeville des Chevilles de maître Adam.

(2) COUPLETS

de 4 vers de 10 syllabes.

Féminin, masculin, alternatifs.

Charmant désert, tranquille solitude.
Charmantes fleurs, quittez les prés de Flore
Daigne écouter l'amant fidèle et tendre.
Depuis long-tems j'ai trois mots à vous dire.
Je t'aimerai, je chérirai tes chaînes.
Femme sensible, entends-tu le ramage.
O Fontenai, qu'embellissent les roses !
Pourquoi vouloir qu'une personne chante?
Rien, tendre Amour, ne résiste à tes ar-
mes.

Te bien aimer, ô ma chère Zélie !
Triste raison, j'abjure ton empire.
Un tendre amant veut-il dire qu'il aime.
Viendras-tu pas, toi que mon cœur adore ?
Vaudeville du Méléagre champenois.

(3)   COUPLETS

De 4 vers de 10 syllabes.

1 féminin, 2 masculins, 1 féminin.

A dix-sept ans, la pauvre Coralie.
Vous l'ordonnez, je me ferai connaître.
Air de Paësiello, sur les mêmes paroles.

(4)   COUPLETS

De 8 vers de 8 syllabes.

Masculin, féminin, alternatifs.

Air de la romance de Bélisaire.
Adieu, je vous fuis, bois charmans.
Age d'Astrée, ô temps heureux !
Ah ! daignez m'épargner le reste.
Au sein d'une fleur tour-à-tour.
Avec vous sous le même toit.
Ce fut par la faute du sort.
Chacun avec moi l'avoûra.
Comme j'aime mon Hippolyte.

Vaudeville du Fandango.
———————— du petit Jockey.
———————— d'Alcibiade.
———————— des Vélocifères.
———————— de la Soirée orageuse.
———————— des deux Veuves.
———————— de la Revue de l'an VI.
———————— de la Cinquième édition.
———————— de la Fille en loterie.
———————— de Voltaire chez Ninon.
———————— de l'Abbé Pellegrin.
———————— de Molière à Lyon.
———————— de Florian (J'étais bon
                    chasseur autrefois).

(5)   COUPLETS

De 8 vers de 8 syllabes.

Féminin, *masculin*, alternatifs.

Air du Maître d'école.
Air de la ronde d'Anacréon.
Air du Cousin de tout le monde.
Air de Gabrielle de Vergy.
Amusez-vous, jeunes fillettes.
A Paris, et loin de sa mère.
A peine au sortir de l'enfance (Jos.)

Au fond d'une sombre retraite.
Au fond d'un bois , la jeune Adèle.
Au soin que je prends de ma gloire.
Avec les jeux dans le village.
A voyager passant sa vie.
Ce magistrat irréprochable.
C'est à mon maître en l'art de plaire.
C'est par les yeux que tout s'exprime.
C'est pour toi que je les arrange.
Cet arbre apporté de Provence.
D'l'instant qu'on nous mit en ménage.
Des simples jeux de son enfance.
Deux enfans s'aimaient d'amour ten-
dre.

D'une abeille toujours chérie.
De sommeiller encor , ma chère.
Du partage de la richesse.
Du serin qui te fait envie.
Faut attendre avec patience.
Guillot , un jour , trouva Lisette.
Guillot auprès de Guillemette.
Gusman ne connaît plus d'obstacle.
Il est vrai que Thibaut mérite.
J'ai pour toujours à ma Sophie.
J'ai vu le Parnasse des Dames.
J'ai vu partout dans mes voyages.
J'aime ce mot de gentillesse.

Je vais combattre, Agnès l'ordonne.
Je vais te voir, charmante Lise.
Je le tiens ce nid de fauvette.
Je loge au quatrième étage.
Jetez les yeux sur cette lettre.
La jeune Hortense dans Ferrare.
La douce clarté de l'aurore.
L'autre jour, j'aperçus Lisette.
Lise chantait dans la prairie.
Lorsque dans une tour obscure.
Lycas aimait la jeune Ismène.
Mon cœur soupire dès l'aurore.
Ma peine a devancé l'aurore.
N'avoir jamais qu'une pensée.
Par hasard, ce bon La Fontaine.
Pégase est un cheval qui porte.
Pourriez-vous bien douter encore ?
Quand l'Amour naquit à Cythère.
Que j'aime à voir les hirondelles.
Salut, ô divine Espérance !
Si Dorilas médit des femmes.
Si Pauline est dans l'indigence.
Sous une paupière innocente.
Tendre fruit des pleurs de l'Aurore.
Tenez, moi je suis un bonhomme.
Tout roule aujourd'hui dans le monde.
Un jour, me demandait Hortense.

Un jour pur éclairait mon ame.
Vous me plaignez, ma tendre amie.
Vous qui du vulgaire stupide.
Vaudeville de Florine.
———————— de Jadis et Aujourd'hui.
———————— des Jumeaux de Bergame.
———————— de l'Officier de fortune.
———————— du petit Matelot.
———————— des petits Montagnards.
———————— du Rémouleur et la Meû-
                                    nière.
———————— du Jaloux malade.
———————— du ballet des Pierrots.
———————— de la petite Métromanie.
———————— du tableau en litige.

(6)   COUPLETS.

De 8 vers de 8 syllabes.

Les 4 premiers vers, *féminin*, *masculin*, alternatifs.
Les 4 derniers, 1 *féminin*, 2 *masculins*, 1 *féminin*.

Dans la chambre où naquit Molière.
L'éclat d'une vive lumière (Owinska).
Souvent, la nuit, quand je sommeille.
Vaudeville de l'Avare et son Ami.
———————— des Chasseurs et la Laitière.
———————— des Visitandines.

(7) COUPLETS

De 8 vers de 8 syllabes.

1 féminin , 2 masculins , 1 féminin.
1 masculin, 2 féminins , 1 masculin.

Être délicat en affaire.
Un soir, dans la forêt prochaine.

(8) COUPLETS

De 8 vers de 8 syllabes.

1 masculin , 2 féminins , 1 masculin.
1 féminin , 2 masculins , 1 féminin.

Ah ! pour l'amant le plus discret.
Comment goûter quelque repos ?
Vaudeville des Hasards de la guerre.

(9) COUPLETS

De 6 vers de 8 syllabes.

Les 4 premiers vers, *masculin, féminin*, alternatifs.
Les 2 derniers, *masculins.*

Ce fut au temps de la moisson,
Chantez, dansez , amusez-vous.
Dans le bosquet, l'autre matin
Ah ! quel plaisir d'être soldat.
J'avais égaré mon fuseau.

Mon père, je viens devant vous.
Versez donc, mes amis, versez.

(10) COUPLETS

De 6 vers de 8 syllabes.

Les 2 premiers, *féminins*.
Les 4 derniers, *masculin, féminin*,
alternatifs.

De tous les capucins du monde.
Je ne suis né ni roi ni prince.

(11) COUPLETS

De 6 vers de 8 syllabes.

1 *Féminin*, 2 *masculins*, 1 *féminin*,
2 *masculins*.

Ah! s'il est dans notre village.
Il n'est qu'un pas du mal au bien.
Il reviendra ce soir, je crois.

(12) COUPLETS

De 4 vers de 8 syllabes.

Masculin, féminin, alternatifs.

Flora n'a pas besoin d'aïeux.
Nous sommes précepteurs d'Amour.
Que ne suis-je encore un enfant!
Sans dépit, sans légèreté.

(13) COUPLETS

De 4 vers de 8 syllabes.

Féminin, masculin, alternatifs.

C'était la fête de Sylvie.
Dans un bois solitaire et sombre.
Je l'ai planté, je l'ai vu naître.
Jupiter, prête-moi ta foudre.
La circonstance du moment.
Réveillez-vous, belle endormie.
Sous un saule, dans la prairie.
Sur un sofa, dans un boudoir.
Tu croyais, en aimant Colette.
Vous qui toujours suivez mes traces.

(14) COUPLETS

De 8 vers, dont 7 de 8 syllabes, et le dernier de 6 syllabes.

Masculin, féminin, alternatifs.

Les cruels ravages du Temps.
Chantés sous ma croisée.
Vaudeville d'Arlequin afficheur.
————— de Frosine.
————— de l'Opéra comique.
————— de la Pupille.
————— des Valets de campagne.

141

(15) **COUPLETS**

De 8 vers, dont le 1er de 8 syllabes,
et le 2e de 6, alternativement.

Masculin, féminin, alternatifs.

Air de Joconde.
Air du pas redoublé.
Est-il de plus douces odeurs !
J'avais à peine dix-sept ans.
Je connais un berger discret.
Nous jouissons dans nos hameaux.
O vous que le besoin d'aimer.
Philis demande son portrait.
Quand je vous ai donné mon cœur.
Qui par fortune trouvera.
Vous m'ordonnez de la brûler.
Vous voulez me faire chanter.

(16) **COUPLETS**

De 8 vers de 7 syllabes.

Féminin, masculin, alternatifs.

Air de la fanfare de Saint-Cloud.
Aussitôt que la lumière.
Ce boudoir est mon Parnasse.
C'est la fille à Simonette.
C'est la petite Thérèse.
Des rigueurs d'une bergère.
En amour, c'est au village.

Et j'y pris bien du plaisir.
Je suis modeste et soumise.
Jusque dans la moindre chose.
La nuit, quand j'pense à Jeannette.
La lumière la plus pure.
Le soleil est le principe.
Que ne suis-je la fougère !
Sur une écorce légère.
Ton humeur est, Catherine.
Ronde du Club des Bonnes-Gens.
Vaudeville de Claudine.
——————— de Lantara.
——————— des Rendez-vous bourgeois
——————— du Réveil d'Épiménide.

(17) COUPLETS
De 6 vers de 7 syllabes.

Féminin, masculin, alternatifs.

Ce mouchoir, belle Raimonde.
Cœurs sensibles, cœurs fidèles.
Dans un verger, Colinette.

(18) COUPLETS
De 8 vers de 6 syllabes.

Féminin, masculin, alternatifs.

Attendez-moi sous l'orme
Bocage que l'Aurore.
Ça fait toujours plaisir.
Dans la vigne à Claudine.

Dans les Gardes françaises.
Dans ma cabane obscure.
De mon berger volage.
Ecoutez l'aventure.
Il pleut, il pleut, bergère.
Jeune et novice encore.
La femme est une rose.
Linval aimait Arsène.
Lise, entends-tu l'orage ?
O ma plaintive amie !
O ma tendre musette !
Partant pour la Syrie.
Sur le déclin de l'âge.
Un ingrat m'abandonne;
Vent brûlant d'Arabie.

(19)   COUPLETS

De 8 vers de 6 syllabes.

1 masculin, 2 féminins, 1 masculin.
1 masculin, 2 féminins, 1 masculin

Au bord d'un clair ruisseau.
Julie est sans désir.

(20)   COUPLETS

De 8 vers de 5 syllabes.

Féminin, masculin, alternatifs.

Assis sur l'herbette.
Au clair de la lune.

Déja dans la plaine.
La jeune Isabelle.
Malgré la bataille.
Vivent les fillettes.

(21) COUPLETS

De 5 vers, dont le 1er et le 5e, de 4 syllabes ; le 2e, le 3e, le 4e, de 8 syll.

Féminin, masculin, alternatifs.

Bouton de rose.
O ma Georgette.
Pour la baronne.
Que veut-il dire !
Vers ma chaumière.

(22) COUPLETS

De 8 vers, dont le 1er de 8 syllabes, et le 2e de 4 syllabes, alternativement.

Féminin, masculin, alternatifs.

Airs des Pélerins de Saint-Jacques.
(Nous voyageons parmi le monde.)
Air de la Romance d'Alexis.
(Pourquoi rompre leur mariage ?)
N'est-il, Amour, sous ton empire ?
Quoi! ma Voisine es-tu fâchée ?
Sans le nommer.
Vous qui de l'amoureuse ivresse.

FIN.